e
新
No

JN035812

経済

不滅の古典に学ぶ！

武器としての名著

週刊東洋経済 eビジネス新書 No.449

武器としての名著

本書は、東洋経済新報社刊『週刊東洋経済』2022年12月10日号より抜粋、加筆修正のうえ制作しています。情報は底本編集当時のものです。(標準読了時間 120分)

武器としての名著　目次

第一線の研究者や経営者が紹介

混迷の時代を読み解く名著

2022年11月、多くの人がせわしなく行き交う東京・丸の内。ここに店を構える丸善 丸の内本店の人文書エリアの棚で、ロシア・ウクライナ戦争に関連した選書コーナーが大々的に展開されていた。

目立ったのが、古典ともいえる作品だ。プロイセンの軍事思想家、クラウゼヴィッツの『戦争論』、ヒトラーの『わが闘争』、米政治学者、ベネディクト・アンダーソンがナショナリズムの起源について記した『想像の共同体』など、さまざまな切り口から戦争というテーマにアプローチした作品が並んだ。

同店で人文書の棚を担当する澤樹伸也氏は、最近の売れ筋についてこう指摘する。

「社会で大事件が起きたときは、古典的な名著がよく売れる。今も、戦争だけでなく新型コロナ禍、国際政治などのテーマに関連した歯応えのある本が売れている」。

象徴的なのが、2020年から続くカミュの『ペスト』ブームだ。

文庫版を刊行する新潮社の担当者によれば、国内でコロナ感染が広がり出した2020年1月に売れ始め、2月には重版がかかった。1969年に刊行された文庫本の累計部数は1月時点で36万部だったが、2月に88万部まで跳ね上がり、「お一人様2冊まで」と制限を設ける書店もあった。今なお売れ続け、足元では125万部に到達。「未知の感染症を前に、過去に学ぼうという意識の表れではないか」と担当者は振り返る。

時に何百年、何世紀も前に書かれた作品もあり、言葉遣いや文化の違いから読みやすいとはいえない。ただ内容の本質さえ読み解ければ、文章はたちまち色彩を帯び、現代の私たちの一助となる。実際、経営者や国家元首も企業や国の舵取りに名著を活用する。そこで本誌では、第一線の研究者や経営者などを「水先案内人」に、今読むべき名著を紹介していく。

ロシア文学者の亀山郁夫氏がドストエフスキーの代表作『カラマーゾフの兄弟』から解き明かすのが、ロシアのプーチン大統領の思想だ。右派思想を持つドストエフスキーを「天才的思想家」と評するプーチンの思惑と、両者の違いを浮き彫りにしている。

過去の偉人の思想に魅力を感じているのは、中国の習近平国家主席も同じだ。中国古代史が専門の柿沼陽平氏は、『韓非子』をスピーチの中で引用する習近平に注目し、中国の覇権主義の行方を占う。

現代人の振る舞いを、オルテガの『大衆の反逆』から批判的に論じるのは政治思想史が専門の宇野重規氏だ。SNS上で自分と似た意見ばかりに触れ、異論を陰謀論と切り捨てるわれわれは、オルテガの言う「最悪の大衆」にほかならないと宇野氏は断じる。

さらにカネボウや日本航空の再生に携わった、経営共創基盤グループ会長の冨山和彦氏は、マキアヴェリの『君主論』を引き合いに、今の日本に必要なリーダーを説く。

星野リゾート代表の星野佳路氏は、国家が過度に市場に介入する今の財政・金融政策を見て、アダム・スミスが『国富論』で唱えた自由競争に立ち返る重要性を指摘する。

ほかにも、日本のコロナ対策、ＳＤＧｓ（持続可能な開発目標）、企業経営など多様なテーマを、名著を通じて読み解いてもらった。

名著・古典には、ビジネス書ほどの即効性はないかもしれない。だが、しっかりと向き合えば、その何倍もの知見が血肉になり、人生の武器になるはずだ。


（印南志帆）

プーチンが政治利用するドストエフスキー

『カラマーゾフの兄弟』で読むウクライナ戦争

名古屋外国語大学　学長・亀山郁夫

『カラマーゾフの兄弟』は、端的にいえば「父殺し」のミステリーだ。このテーマが、物語の書かれた19世紀のロシア、そして現代でどのような普遍性を持つのか。それが問われなくては、今この作品が読まれる意味はない。

19世紀のロシアにおける「大いなる父」といえば、アレクサンドル2世だ。1861年の農奴解放によって「解放王」の異名もある名君主だが改革が不徹底で、抑圧されてきたロシアの民衆の不満は逆に膨れ上がり爆発する。『カラマーゾフの兄弟』はこうした時代に書かれた。

視点を現代のロシアに移すと、プーチンという大いなる父がいる。世界を混沌の中に陥れているプーチンだが、彼の支持率はまだ7割もある。無言のうちに彼を支持している多くの人々の心には、畏敬と嫌悪が併存しているだろう。ただ、プーチンを拒否することは自らの生命を危機にさらすことにつながる。当然、父殺しというテーマは出てくる。

プーチンとドストエフスキーとの関係性を考えるうえで興味深い出来事があった。2021年11月、ドストエフスキー博物館の作家生誕200年記念式典に出席したプーチンは、メッセージ帳にこう書き残した。「ドストエフスキーは天才的思想家にして、ロシアの愛国者」。ウクライナに侵攻する3カ月前のことだ。

プーチンはなぜ、ドストエフスキーを天才的な作家とせずに「思想家」としたのか。頭の中にはおそらく、ドストエフスキーが最晩年に到達した世界観を自分が引き継いでいる、という発見があったのだろう。

その証左が、2022年10月27日にモスクワで開かれたバルダイ会議でのプーチンの1時間以上にわたる演説に表れている。バルダイ会議とは、世界の知的エリートが一堂に会して侃々諤々（かんかん　がくがく）の議論をする祭典だ。そこでの演説でプーチンは、今ロシアが置かれている状況を説明し、ドストエフスキーの小説『悪霊』の一節を引用した。

曰（いわ）く、世界ではドストエフスキーやチャイコフスキーなどの偉大なロシア文化までが十把一絡（じっぱひとから）げに排斥されている。それは衆愚政治であり『悪霊』の中で予言された愚者の楽園を世界が目指していることの証しなのだ、と。

言い換えれば、今のプーチンは21世紀の現代では自己を正当化できないということだ。だから、歴史と文化の中に逃げ込んでいる。

そもそもドストエフスキーとプーチンの思想には、共通点もあれば違いもある。晩年のドストエフスキーが右派思想、とくに「汎スラブ主義」を取っていたのは確かだ。「モスクワは第3のローマである」という使命感により、ロシア正教の下で東ヨーロッパのスラブ民族を統一しようと考えるものだ。この汎スラブ主義的な考え方を自らの血肉にしようとしているのがプーチンだ。

ドストエフスキーの汎スラブ主義的な思想が反映されているのが、ここで引用する「プロとコントラ」の一節だ。カラマーゾフ家の次男、イワンと三男のアリョーシャが料理屋で神の存在について議論を繰り広げる場面で、イワンはブルガリアにいるトルコ人の悪辣非道な行為についてまくし立てる。（引用①）

「ところで、おれは最近、モスクワであるブルガリア人から聞いたんだが」イワンは弟の言っていることなど眼中にない様子で、話をつづけた。「ブルガリアにいるトルコ人やチェルケス人が、スラブ族の暴動を恐れ、いたるところで悪辣な非道を重ねているんだそうだ。つまり、家を焼いたり、人を斬り殺したり、女、子どもに暴行を働き、囚人の耳を垣根に釘で打ちつけて朝まで放置しておき、朝になると縛り首にするといったぐあいで、これがもうおよそ想像を絶する残酷さなんだよ（後略）」

ドストエフスキーが生きた時代に照らし合わせると、１８７７年に起こった露土戦争を下敷きにしているのだとわかる。オスマントルコの支配下にあるがスラブ民族として独立しようとする、バルカン半島にいたブルガリアなどのロシア正教徒を弾圧した。残虐な行為もあったという。

その事実が公になると、ロシアの正教徒たちは「バルカン半島のスラブ人を救え」と奮起する。ドストエフスキーも、大いにはやし立てた。そこで作品でも扱った。

イワンが暴き立てるトルコ人の暴虐には、1つの特徴が見いだせる。「幼児殺し」を執拗に非難していることだ。

「そのトルコ人たちときたらもう、性的快感を覚えながら子どもたちを苛（さいな）むんだ。母親のお腹の中から短剣で胎児をえぐり出す、なんてのは序の口で、果ては乳飲み子を取り上げ、それを短剣で受け止めてみせるというんだから。」（プロとコントラ）

このイワンの発言を理解するうえで必要なのが、ドストエフスキーの人間観だ。彼は、人間を「堕落した人間」と「純粋無垢な人間」に分け、とくに8歳未満の子どもを生命として絶対的な優位性を持つ無垢な存在で、守るべきだと考えていた。だから、幼い子どもが汚されることには病的なまでに敏感だった。戦争は子どもの死の上に成立している。それをドストエフスキーは作品で表現した。

「幼児殺し」をプーチンとつなげるとどうだろう。2014年7月、マレーシア航空機撃墜事件が起きた。ウクライナ東部で旅客機の乗員乗客298人全員が死亡し、そこには何十人という子どもたちが乗っていた。撃墜はロシアから持ち込まれたミサイルによると判明しているが、偶発的なものだったことが判明している。このニュースを聞いたプーチンは一日教会に閉じこもった、という噂がある。彼も衝撃を受けたのではないか。では教会を出てきたプーチンはどういう心境だったか。

人間は危機を乗り越えると強くなるものだ。一度殺人を犯した人がそこで経験される不安や恐怖を克服すると、力が出て罪を重ねることが怖くなくなる。プーチンが完全な独裁者へと変貌する通過儀礼は、この2014年7月にあったのでは、というのが私の空想だ。

そして今、ロシアはウクライナ戦争で幼稚園や学校を破壊し、子どもをロシアに拉致していたるという。だが歴史の向こうに逃げ込んでしまった今のプーチンに、幼児殺しの罪悪感を抱かせるのはもはや困難だ。ドストエフスキーは自らを利用するプーチンを、どう思うだろうか。

（引用①）『カラマーゾフの兄弟 2』第5編「プロとコントラ」ドストエフスキー著・亀山郁夫訳 光文社古典新訳文庫

『カラマーゾフの兄弟』とは？

ドストエフスキーの人生の総決算として、1879年に雑誌連載がスタート。欲望にまみれた父、フョードル・カラマーゾフと、それぞれに「カラマーゾフの血」を引いた3人の兄弟、ドミートリイ、イワン、主人公のアリョーシャの人間模様が描かれる。小説のテーマは「父殺し」。作品の成立した19世紀後半のロシア、そして現代の世界においてこの普遍的なテーマがどのような意味を持つのかが問われる。

もっと深く知る3冊

・『ドストエフスキー　黒い言葉』　亀山郁夫著・集英社新書
・『プーチン戦争の論理』　下斗米伸夫著・インターナショナル新書
・『宗教地政学から読み解くロシア原論』　中田　考著・イースト・プレス

（構成・印南志帆）

亀山郁夫（かめやま・いくお）

1949年生まれ。東京大学大学院博士課程単位取得退学。東京外国語大学教授、学長を歴任。世田谷文学館館長。20年以上をかけて複数のドストエフスキー作品を翻訳。

『戦争論』が説くウクライナ善戦の背景

軍事アナリスト・小泉　悠

ロシアのウクライナ侵攻が長引いている。戦況は膠着し、ロシア側は戦術核の使用もちらつかせる。そんな今、読むべき名著は何か。軍事アナリストの小泉悠氏に聞いた。

まず推薦したいのが『戦史』。著者は古代ギリシャのペロポネソス戦争で、アテネ側の将軍としてスパルタ軍と戦ったトゥキュディデス。彼による、この戦争の回顧録だ。驚くのが、約2400年前に書かれたにもかかわらず、記述が極めて科学的、客観的であること。「この記述は合理的に考えて信じがたい」といった、現代の歴史家のような目で過去を分析している。極力感情を排して書かれているのに、読み通すと壮大な叙事詩として読めるという、不思議な魅力がある。

『戦史』で有名なのが、戦争の動機を「利益」「恐怖」「名誉」とするテーゼだ。戦争の原因としては、経済的利益を考えるのが一般的だろう。だが時に、人間は利益がなくても戦争を始める。

今回のウクライナ戦争も、プーチンが金銭的な利益を得られるわけではない。プーチンの語りを素直に聞けば、ウクライナが西側に取られてしまうという恐怖心や、本来ロシアの一部であるウクライナを自分が取り戻すという名誉心で戦争を始めたとしか思えない。そんなフィクション中の悪役のような理由で人間は戦争を始めることがあり、それはトゥキュディデスの時代から変わっていないのだ。

戦争と人間性は対比して語られがちだが、むしろ悪い意味で非常に人間的な営みといえる。悪い意味での人間性の発露としての戦争をトゥキュディデスは紀元前から直観的にわかっていたし、それは古代も今も変わらないのだと『戦史』は教えてくれる。

今も研究される古典

もう1つ挙げたいのが、プロイセンの軍人だったクラウゼヴィッツの『戦争論』だ。彼は近代の戦争の普遍的なルールを見いだし、19世紀前半に本書を書いた。

クラウゼヴィッツは『戦争論』の冒頭で、「戦争は暴力闘争である」と定義する。戦争は拡大された決闘であって、暴力によって敵を屈服させることがその本質にある。国家が政治目的を達成するための激しい暴力闘争。これがクラウゼヴィッツの戦争モデルだ。

実は旧ソ連や今のロシアでも保守本流の軍事思想家、将軍たちは「われこそがクラウゼヴィッツの後継者だ」という意識が強い。第2次世界大戦でソ連軍は、ドイツをたたいて輝いた。軍人たちは冷戦終結後も依然として、その延長戦としての激しい戦闘を交えて敵軍を撃滅し屈服させるこの古典的な戦争について研究し続けてきたのだ。

ただ実際のところ、冷戦後には同時多発テロのような、国家が主体ではない非政治的な戦争についての議論が世界的に主流となり、「クラウゼヴィッツは古い」とみられるようになっていた。

ロシア軍の中でも、この10年ほどは情報戦、サイバー戦といった非暴力的な手段を用いた戦争の議論が増えてきた。実際、今回のウクライナ侵攻に当たっては、開戦以前からロシアの情報機関がウクライナでさまざまな工作を行っていたこともわかっている。


だが今回は小手先の工作にさほど効果がなく、結果的に旧ソ連圏の中で90万人と最大の軍隊を持つロシア、次いで20万人の軍隊を持つウクライナが真正面から衝突して潰し合う「クラウゼヴィッツ的戦争」にもつれ込んでいる。

ただ、クラウゼヴィッツの論に照らした場合、ロシアとウクライナには決定的な差がある。クラウゼヴィッツは戦争遂行のための「三位一体論」として、①国家（政府）が政治目的を達成するために、②軍隊による暴力闘争を手段に、③それを国民が強く支持する、という3点を挙げる。ウクライナの場合、「祖国防衛という明確な政治目的」「20万人の軍隊という手段」、そして「国民の強い支持」の3つがそろっている。だからこそ、多くの犠牲を出しながらも戦争を継続できている。

一方のロシアは、90万人の軍隊こそあるものの、プーチンはウクライナ征服という本当の目的を正面から説明できておらず、国民からの強い支持、熱狂をつくり出せずにいる。この中途半端さが戦況にも反映されているように思う。

そもそも当初プーチンは、この戦争がここまで長く激しいものになるとは想定していなかっただろう。プーチンはクラウゼヴィッツ的な戦争よりも、マキアヴェリ的な権謀術数を好むからだ。最初の一日でキエフを占領し、ゼレンスキーを逮捕して傀儡（かいらい）政権を樹立すれば終わる、と思っていたはずだ。

誤算だったのは、こうした電撃的な作戦が効果を発揮するのは中小国だけで、しかも戦争の初期段階に限られるにもかかわらず、それをウクライナに適用してしまったことだ。ウクライナのことを甘く見ていたのだろう。結果として、ウクライナ軍は崩壊せずに持ちこたえ、その後ＮＡＴＯ（北大西洋条約機構）などの本格的な支援が入って戦争を継続している。

今回の戦争が、どこまでエスカレートするかはわからない。クラウゼヴィッツは、攻撃の相互作用によって暴力が極限に達すると説く。そしてウクライナ側は、戦争を自らやめるという選択肢がない。ロシア側はといえば、プーチンは戦争がエスカレートすることを恐れてはいるだろう。核戦争になって、ロシア人を何十万人も死なせて国民の支持を失うのは怖い。ただ、この戦争をやめることもまたできない。戦争をやめることはすなわちプーチンの失脚であり、彼の死を意味するからだ。

ウクライナ戦争が核戦争にまで発展することは誰も望んでいないが、かといって誰も戦争をやめるインセンティブを持たない。だから危機が続く。そんなジレンマに、この戦争は陥っている。

プーチンはこれまで戦争に負けたことがなかった。1999年に勃発した第2次チェチェン紛争から2015年のシリア内戦介入まで、政治的成果を上げ、国民の支持も集めてきた。だが今回はウクライナとがっぷり四つに組む、プーチンにとって初めてのクラウゼヴィッツ的戦争だ。国民の熱狂的な支持を得られず、通常戦では勝てず、かといって核戦争にエスカレートさせることもできない。

ジレンマだらけで戦争の先を見通せない、政治家人生で初めての状況に、プーチン自身が途方に暮れているのではないだろうか。

（構成・ライター　勝木友紀子）

・『戦史』　トゥキュディデス著　久保正彰訳・中公クラシックス
・『戦争論』（上・下）　カール・フォン・クラウゼヴィッツ著　清水多吉訳・中公文庫

小泉　悠（こいずみ・ゆう）
1982年生まれ。早稲田大学大学院政治学研究科修士課程修了。修士（政治学）。外務省国際情報統括官組織（専門分析員）、ロシア科学アカデミー世界経済国際関係研究所客員研究員、国立国会図書館調査及び立法考査局非常勤調査員などを経て、現在、東京大学先端科学技術研究センター講師。『ウクライナ戦争の200日』『ロシア点描』など著書多数。

『韓非子』から考える現代中国の行く末

早稲田大学　教授・柿沼陽平

中国古代、とくに春秋戦国時代と現代の国際社会には、実はよく似たところがある。限られた空間内にいくつもの政権がひしめき合い、境目争いや資源争奪、さらには殺し合いの連鎖が続いている。各国の政治家は一応戦争を避けようと必死で、互いに合従連衡を繰り返しながら、目の前の平和を維持しようとしている。

春秋戦国時代にはしばしば会盟なるものが開催され、大小の国々のトップが集まって平和協定を結び、盟主を選出しており、これも現在の国際連合とよく似ている。会盟の盟主は勤王（周王朝への忠誠）をかかげ、強力な軍隊を有し、同盟国軍とともに敵国を攻撃できる点で特異であるが、ほかの点は国連とそっくりである。

両者は、意外に脆弱であるという点でも、残念ながらよく似ている。戦国時代に戦争は激化してやがて統一帝国の秦が生まれた。現代でも、国連の努力を尻目にロシア・ウクライナ戦争が勃発している。私たちは平和的な共存共栄を再び取り戻せるのか。それともさらなる殺し合いの連鎖に陥るのか。これは世界が直面している難題の1つである。

ここで指摘すべきは、複数の主権国家が並存・競合するという現状が、意外に長い歴史を持たず、今後続くとも限らないことである。さかのぼれば、16世紀ごろのヨーロッパでは、複数の主権国家が形式上対等となり、互いに外交と戦争の慣例を定め、条約を締結するようになった。

そして1648年にウェストファリア条約が締結され、その体制は決定的になった。一方、東アジアでは春秋戦国時代を経て、統一帝国の秦が生まれた。つまりヨーロッパと中国は元来ともに複数の国家の並存状態にあったが、前者はその継続を選び、後者は統一を選んだのである。政治史学者のヴィクトリア・フイが提起したように、この大分岐の背景はなお大きな謎である。ヨーロッパの抱えるEU問題や、中国の抱えるウイグル・チベット問題なども、「統一」と「共存」をめぐる問題の変奏にほかならない。

こうした中で中国が「統一」を尊び、今後も覇権主義・拡張主義を取り続けるならば、その被害は台湾を越え、やがて日本にも達するおそれがある。その意味で、「統一」と「共存」をめぐる政治力学の歴史をひもとくことは、日本にとって喫緊の課題だといえる。

秦「統一」の原動力に

そこで紹介したいのが『韓非子』である。韓非子は戦国時代の韓の王室に連なる人物で、「非」は名、「子」は先生の意である。秦王・政は韓非子の記した「五蠹（ごと）」と「説難（ぜいなん）」という文章を読んで感激し、韓非子を秦に招聘した。彼の思想は秦による「統一」の思想的原動力となった。

韓非子の思想は、徹底した合理主義と冷徹非情なる政治感覚とに貫かれている。似た思想として、フィレンツェ共和国のニッコロ・マキアヴェリ（1469〜1527年）がよく挙げられる。マキアヴェリの著書『君主論』も冷徹な言葉の数々に彩られている。

だが両者には相異点もある。韓非子がとくに重視するのは、君主と側近の人間関係だ。一君万民体制を整えるには、君主権力を強化するとともに、臣下に強大な権力を委ねず、臣下や民が君主のために力を尽くすよう仕向けねばならない。その方法として『韓非子』安危篇が挙げるのが次の7点だ。

第一に、賞罰は必ず事の是非に従って行なうこと。第二に、禍福は必ず善悪に従って下すこと。第三に、生殺は法律通りにすること。第四に、優秀か否かを（人事査定の）基準とし、愛憎による差別はしないこと。第五に、愚者と知恵者を区別はしても、譏（そし）ったり褒めたりはしないこと。第六に、客観的基準に沿って物事を判断し、勝手な推量はしないこと。第七に、信義則に則り、騙し合いをしないこと。

法律の公正な適用や信賞必罰の重要性は、単なる一般論のようにも見える。だが他の点はどうか。例えば人事担当経験者なら、相手の人間関係・血縁・学歴・人品骨柄をいっさい気にせずに優秀か否かで採用を決めることが意外に難しいことをよくご存じであろう。

しかも韓非子にとって君主は強化されるべき存在で、ゆえに人事権は君主に属する。つまり君主は自ら優秀な人材を抜擢せねばならない。だが君主も一人の人間ゆえ、好き嫌いで人材を起用しやすい。そこで韓非子は続けて、君主すら口先介入をしえぬ基準や法律を事前に整備すべきだと説く。そうすれば、仮に凡庸な者が上に立っても大きな失敗は起こりえない。

つまり韓非子は、君主・臣下・民を含む個々人の心に弱さが宿ることに気づき、人事をはじめとする業務を個々の才量に委ねない、しっかりしたルールが必要だと主張したのだ。そして職分を設け、厳格な分業体制を施行することを重視する。そうなれば、1人の臣下が必要以上に権力を持つことも、徒党を組むことも、むやみに臣下同士が争うこともなくなる。

そのうえで韓非子は、臣下が思う存分活躍できる場を構築すべきだとし、それには信賞必罰が肝要と説く。それは、単にプロジェクトに成功した人物を正当に評価し、失敗した者を処罰するという意味の漠然とした言葉ではない。そうではなく、努力した者なら誰にでも獲得できる褒賞と、注意深い者なら誰でも避けうる刑罰とを設定することである。もし臣下にとって実行しがたい法律を強引に設け、未熟な者を罪に落とせば、臣下の間で私怨が生まれてくるものだ。

この考え方は、現在のエリート会社員にはウケが悪いかもしれない。なぜなら韓非子は、部下個々人のイノベーション（新結合）を重視していないからだ。

韓非子は一応、有能な人物にはそれ相応の権力や地位を与えるべきだとし、さもなくば才能を伸ばせないと考えている。だが、仮にイノベーティブな逸材であっても、私党を組んで増長するような部下は排除すべきだと明言する。

では、上に立つ者は結局全判断を自ら下す独裁者たるべきかといえば、実は韓非子の答えは正反対である。それを示すのが今回引用した『韓非子』主道篇だ。（引用②）

君主は自分の望むことを外に出してはいけない。君主が自分の望むことを人に知らせると、臣下はきっとそれに合わせて自分を飾りたてるだろう。君主は自分の意向を外に出してはいけない。君主が自分の意向を人に知らせると、臣下はきっとそれに合わせて自分の特技を見せびらかすだろう（中略）君主は自分では仕事をしないでいて、臣下〔にさせてそ〕の仕事の巧拙を見わけ、自分では思慮をめぐらさないでいて、臣下〔に考えさせてそ〕の吉凶を見ぬく。

このように、君主は自ら仕事をしたり、思慮を巡らせたりしてはならず、むしろ臣下を存分に働かせ、信賞必罰に徹するのがよい。現代風にいえば、臣下には自由に企画書を提出させておき、それを実現できたら褒美を与え、失敗したら処罰するべきなのである。そして企画書の受理や賞罰の執行に際して、君主は無表情がよい。

韓非子の透徹したまなざし、人間性に対する諦念、親しい近臣をも疑ってかかる合理主義には、恐ろしさすら感じる。始皇帝はその思想を愛し、天下の「統一」に生かした。『韓非子』はその後も中国思想の通奏低音の1つとなり、『三国志』の諸葛亮孔明にも愛された。私たちはここにヨーロッパと中国との政治思想の分岐点の1つを見いだせる。

『韓非子』と習近平

そして最近も、この思想に魅入られた男がいる。習近平中国国家主席だ。

もとより中国では、共産党がほとんど独裁に近い体制を取っている。ほかの政党もなくはないが、発言権はないに等しい。だが共産党の内部は必ずしも一枚岩ではなく、いくつかの派閥に分かれている。彼らの見解は、台湾問題一つを取っても不協和音を含む。

しかし今や習氏の権力は確固不抜のものになりつつある。彼の発言は逐一記録され、彼がどこでどの古典を引用したのかも注目を集める。それをまとめた『習近平用典』によれば、習氏は『韓非子』をたびたび引用している。

習氏の引用する『韓非子』の文章は断片的で、他の書籍からの孫引きの可能性もあり、談話もスピーチライターの手に成るものの可能性がある。しかし一部を都合良く解釈する断章取義は反感を招くおそれがあるため、原典の確認はなされている（筆者はそう伝え聞く）。例えば習氏は、２０１４年の慶祝全国人民代表大会成立６０周年大会で、『韓非子』有度篇の文を引用している。

国は、いつでも強いという国はなく、いつでも弱いという国もない。法を守っていく官吏がしっかりしていれば国は強くなり、法を守っていく官吏が軟弱であれば国は弱くなる。

これは、当時すでに習氏が韓非子に魅入られていたことを示唆する。すると「習氏は勝手にすべてを決定している独裁者だ」とのよく聞く世評は、実は本質を見落としているのかもしれない。

なぜなら韓非子を知る習氏は、自ら身を粉にして働くようなことはせず、無表情で部下の企画書と成果報告書を見比べ、粛々と信賞必罰を心がけ、結果的に部下のほうが習氏を恐れ、付き従っている可能性があるからだ。共産党大会を含む数々の会議における習氏の、喜怒哀楽を見せぬ能面のごとき表情を見るたび、私の脳裡をそうした臆測がよぎる。共産党大会は数々の事前会議の結果であり、その日に突然政局が動くわけではない。むしろ今後注目すべきは、習氏らが日常業務で見せる素顔のほうだろう。

そして『韓非子』は、中国が今後統一と覇権拡大を目指すのか、共存共栄に向かうのかを測るうえでも試金石になる思想である。今の中国の指導者層が「共産主義の皮をかぶった韓非学派」である可能性も念頭に置きつつ、今改めて熟読玩味すべき古典、それが『韓非子』なのである。

（引用②）『韓非子』主道篇　金谷　治　訳注・岩波文庫

『韓非子』とは？

中国戦国時代末期（前3世紀）の韓の法家、韓非子の思想をまとめた書。その思想は、徹底した合理主義と冷徹非情なる政治感覚とに貫かれている。安易に臣下を信じず、権力を委ねず、君主権力を強化し、一君万民体制の下で信賞必罰を心がけるべきだと説く。『三国志』の諸葛亮孔明もその思想に魅せられた一人。似た思想家として、ニッコロ・マキアヴェリ（１４６９〜１５２７年）が挙げられる。

もっと知るための3冊

・『中国哲学史』　中島隆博著・中公新書
・『古代中国の２４時間』　柿沼陽平著・中公新書
・『劉備と諸葛亮』　柿沼陽平著・文春新書

柿沼陽平（かきぬま・ようへい）
１９８０年生まれ。早稲田大学卒業。同大学院文学研究科に進学し、２００９年に博士（文学）。早稲田大学助教、帝京大学准教授などを経て現職。専門は中国古代史、経済史、貨幣史。

『カラマーゾフの兄弟』
（全5冊）
ドストエフスキー 著
光文社古典新訳文庫
名古屋外国語大学学長
亀山郁夫

『韓非子』（全4冊）
韓非 著
岩波文庫
早稲田大学教授
柿沼陽平

『戦争論』（全2冊）
クラウゼヴィッツ 著
中公文庫
軍事アナリスト
小泉 悠

『戦史』
トゥキュディデス 著
中公クラシックス
軍事アナリスト
小泉 悠

『小右記』に見る1000年前の疫病対策

国際日本文化研究センター教授・倉本一宏

2020年に新型コロナウイルス感染症が流行し、3年目を迎えようとしている。日本のコロナ対応を見ていると、どうもこの国だけ、ほかの国々とは異なる対応をしているように思えてならない。国内で感染が蔓延しているのに厳しい入国規制をかけたり、マスクや手洗いも外国よりも徹底しているようだ。

歴史を研究していると、現代日本のこうした特質は、島国で外国や国内の異民族からの侵攻を想定していなかったこの国の歴史が、長い年月をかけて醸成していったものではないかという思いが日々新たになるこの頃である。その一端は、疫病の時代だった平安時代にも見ることができる。そこで今回紹介するのが、平安時代中期の公卿（くぎょう）、藤原実資（さねすけ）が記した日記、『小右記（しょうゆうき）』だ。

時の権力者、藤原道長にも一目置かれた実資は、63年の長きにわたって日々の政務や社会について冷静なまなざしで書き記した。ここから、当時の人々がどのように疫病と向かい合ってきたかを知ることができる。一部を引用してみよう。（引用③）

［長和4年（1015）6月25日条］
右京の花園寺の南西の方角、紙屋河の西の川辺に、新たに疫（えき）神社（しんしゃ）を占って定めた。「これは右京の人の夢想である」と云うことだ。或いは云ったことには、「神のお告げがあった」と云うことだ。「今日、東西京の庶民は、こぞって御（ご）幣（へい）を捧げ、神馬（しんめ）を連れて神社に向かった」と云うことだ。（後略）
［同6月26日条］
右近（うこん）将曹（紀）正方が云ったことには、「昨日、花園今宮社の御（ご）霊会（りょうえ）を初めて行ないました。あの宮の申請によって、作物所（つくもどころ）が神宝を造りました。（中略）両京の人は、昨日から通夜、今日は終日、御幣（ごへい）や神馬（しんめ）を奉献して、避ける路はありません。垣の中は、紙を積んで空処がありません（中略）」と云うことだ。（中略）もし霊験が有るのならば、私も最も帰依

(きえ)しなければならない。

平安時代の中期には、毎年のように疱瘡(ほうそう:天然痘)や麻疹(ましん:はしか)などの疫病が猛威を振るった。感染症に関する知識がなく、治療法や特効薬も確立されていなかった当時にあっては、これはたいへんな恐怖の対象であった。

栄養状態や衛生環境の悪い民衆はもちろん、貴族たちの宮廷社会でも、いったん流行が始まると、すぐに感染が広がってしまった。栄養に偏りがあり、職場がほとんど内裏(だいり)に限られていた貴族は、感染の危険性が高かったのである。

疫病の蔓延は、平安時代の政権運営に大きな影響を与えた。とくに深刻だったのが、正暦5年(994)正月に九州から流行が始まり、翌長徳元年(995)にかけて全国に広まった疱瘡だ。

平安時代後期に記された歴史書、『本朝世紀(ほんちょうせいき)』には、当時の京の惨憺たる様子が記されている。正暦5年4月には、路頭に仮屋を構えて薦莚(こもむしろ)で覆い、病人を収容した。あるいは空車に乗せ、あるいは薬王寺に運送させたものの、死亡した者は多く路頭に満ち、往還の人々は鼻を覆って通り過ぎた。カラスや犬は食に飽き、骸骨はちまたをふさいだという。

政府は壊滅状態に

結局、4月から7月に至るまでに、京内の死者は過半となり、五位以上の貴族の死者は67人を数えた。翌長徳元年には左右大臣から大納言3人、中納言2人などが亡くなり、政府を壊滅状態にした。30歳で序列七位にすぎなかった藤原道長が政権の座に就いたのは、このときのことである。

長和4年（1015）4月に流行した疫病も、多くの被害を出した。京畿内だけではなく、それ以外の地域でも病死者が多く、だんだんと貴族にも感染が広がっていった。『小右記』には、京中に「汚穢（おわい）の物」（死体）が極めて多く路頭に出して置くというので、当時の警察業務を担った検非違使（けびいし）に命じて掃き清めさせたことが記されている。

そしてこの長和4年の6月25日、右京の人の夢想によって、「疫神社（えきしんしゃ）」が占いで定められた。『小右記』は、庶民がこぞって御幣（ごへい）を掲げ、神馬（しんめ）を連れて神社に殺到したことを記している。

翌26日には、今宮社と呼ばれるこの疫病対策の神社で、御霊会（ごりょうえ）が執り行われた。そのために25日の夜から、京の人々が神社に向かい、道にひしめき合っていた。さらに、神社の垣の内は、奉納する紙が積まれて空いている場所がなかった。この新しい神社には朝廷も神宝を造って奉献しており、もはや神頼みというところだろうか。普段は冷静な藤原実資でさえ、「もし霊験が有るのならば、私も最も帰依しなければならない」などと記している。

これで疫病が収まればよかったのであるが、29日には、この今宮社を崇祀（すうし）した後、感染者はいよいよ倍増したとある（『小右記』）。人々が密集したせいであろう。

移動制限、「密」の回避

ただし、こうした記述をもって平安時代の人々が加持祈祷や神頼みばかりをしてかえって病を重くする未開人だ、とする従前の理解は、まったくの誤りである。これらも一種の精神医療といえるからだ。また経験則からか、今の知識に照らしても合理的な感染症対策が、一方では取られていた。

治安元年（1021）2月、前年から流行していた裳瘡（もがさ）が猛威を振るい、下人で死亡した者は数えきれず、路頭には無数の死体が転がっていた。『小右記』には、疱瘡は老者には及ばないが、この疫病は老人も若者も関係なく感染するというので、毎年行っていた相撲人を全国から徴発する使者の派遣と、「相撲の節会」の実施を、前年に引き続いて中止している。人の地方への移動と、相撲人同士の接触を避けるためでもあろう。

また、疫病が海外からやってくる、という考え方も現在に通じるところがある。公卿の藤原資房（すけふさ）が記した日記『春記（しゅんき）』には、こんな記述がある。永承7年（1052）5月、またもや右京の住人の夢に、「神人（じにん）」と称する者が出てきて、「自分は唐朝の神で、この国に流れてきた。自分が至った所は皆、疫病を発するから、めでたいしるしを表した所に社を造営するように」と告げた。この夢想は郷里に広まり、東西の京の人々は、こぞってその場所に向かい、社屋を建てた、という。

外国から疫神が来るという経験は、遣唐使を派遣していた奈良時代以来、日本の人々にとって恐るべき歴史経験として認識されていたはずであり、この夢に現実性を賦与している。

平安時代人は外交も行わず、穢（けがれ：とくに血や死体）を恐れるなど、その保守性や後進性が指摘されることが多いが、それらも疫病感染を予防するためと考えれば、当時の医療知識の中では精いっぱいの感染防止だった、というのが、現代日本のコロナ対策を見ていての所感である。

（引用③）『現代語訳　小右記』倉本一宏編・吉川弘文館：一部訳文を変更

『小右記』とは？

平安中期の公卿、藤原実資（957～1046）の日記。実資は朝廷儀式や政務に精通し、その博学と見識は時の権力者、藤原道長にも一目置かれ、「賢人右府」と称された。『小右記』は、『野府記』などとも称される。逸文を含めると、21歳の貞元2年（977）から84歳の長久元年（1040）までの63年間に及ぶ記録で、当時の政務や儀式運営の様子が、詳細かつ正確に記録されている。

もっと知るための3冊

・『平安京の下級官人』　倉本一宏著・講談社現代新書
・『藤原道長の日常生活』　倉本一宏著・講談社現代新書
・『紫式部と平安の都』　倉本一宏著・吉川弘文館

倉本一宏（くらもと・かずひろ）
1958年生まれ。東大文学部国史学専修課程卒業、同大学大学院博士課程単位修得退学。博士（文学）。日本古代政治史が専門で、貴族の日記である古記録の現代語訳に尽力。

『大衆の反逆』が鋭く問う現代の民主主義

東京大学 教授・宇野重規

『大衆の反逆』を読むうえでまず押さえるべきは、筆者のオルテガが生きた時代だ。19世紀の後半、スペインに生まれた彼は、ドイツに留学し、イギリスやフランスでも広く読者に恵まれた「ヨーロッパ人」であった。

にもかかわらず、ヨーロッパ列強は激しい植民地競争の結果、相互に分裂し、やがては2つの世界大戦の大破局へと向かっていった。中でも、オルテガの祖国スペインは、1898年の米西戦争の敗北により、大航海時代以来の植民地をほぼすべて失っており、オルテガらは自国の衰退を強く意識せざるをえなかった。

さらにスペインは1930年代の後半から、共和国軍とフランコ将軍率いる反乱軍による内戦を経験することになる。オルテガはこのようなヨーロッパとスペインの混乱と破局を目前にして、自らの思考を紡いでいった。

平凡さに居直る大衆

『大衆の反逆』は、貴族的な視点から「愚かな大衆」を批判した本だと誤解されがちだが、むしろ厳しい「自己批判の書」でもあったことを忘れてはいけない。彼の思想は、現代を生きるわれわれにも鋭い批判のまなざしを向けてくる。例えば、本書にはこんな一節がある。（引用④）

大衆とはおのれ自身を特別な理由によって評価せず、「みんなと同じ」であると感じても、そのことに苦しまず、他の人たちと自分は同じなのだと、むしろ満足している人たちのことを言う。

人間に対して為され得る最も根本的な区別は次の二つである。一つは自らに多くを要求して困難や義務を課す人、もう一つは自らに何ら特別な要求をせず、生きることも既存の自分の繰り返しにすぎず、自己完成への努力をせずに、波の間に間に浮標（ブイ）のように漂っている人である。

むしろ現代の特徴は、凡俗な魂が、自らを凡俗であると認めながらも、その凡俗であることの権利を大胆に主張し、それを相手かまわず押しつけることにある。

今日、私たちは誰も、自分が特別な存在とは思っていない。ありふれた人間の一人であることを、進んで認めるだろう。とはいえ、現代人はそこに居直る。確かに自分は平凡であるが、そのどこが悪い。むしろ自分が特別だと思っている人間のほうが傲慢なのだ。世の中の多くがそう思っていることに、誰もが従うべきなのだ、と。

SNSなどにおいても、人を持ち上げてはたたき落とし、次の瞬間にはありとあらゆる罵倒の言葉を投げつける炎上騒ぎが見られる。そこで主張されているのは、あるいは「凡俗の権利」かもしれない。

逆にいえば、私たちは、「おのれ自身を特別な理由によって評価せず、『みんなと同じ』であると感じても、そのことに苦しまず、他の人たちと自分は同じなのだと、むしろ満足している」。オルテガによれば、それこそが「大衆」であることの証しであった。

思いがけず現代的な「大衆」的表現が印象に残ったのは、先日ツイッターを買収したイーロン・マスク氏の言葉だ。ツイッターは2021年、フェイクニュースを流布し、民衆の暴力行為を扇動してきたドナルド・トランプ前米大統領のアカウントを永久に停止した。それをマスク氏が解除したのだ。

その際にマスク氏は、ツイッターの投票機能を使って利用者が判断した結果であるとして、自らを正当化している。ご丁寧にマスク氏は「民衆の声は神の声」という言葉も引用している。みんなが支持しているのだ、それでいいだろう、というわけだろう。オルテガはこんな言葉も残している。

「私たちは、信じられないほどの能力を有していると感じていても、何を実現すべきかを知らない時代に生きているのだ。あらゆるものを支配しているが、おのれ自身を支配していない時代である」。

なるほど、私たちの生活は便利になった。ネットで調べれば、ありとあらゆる情報を得ることができるし、ウェブサイトでクリックするだけで、たちまち商品が送られてくる。家にいながらにして世界各地の風景を見ることができるし、オンラインで会話を楽しむこともできる。私たちは間違いなく、人類史上で最も大きな「能力を有している」。

が、それでは、過去の人々と比べて現代人が最も幸せかと問われれば、考え込んでしまうだろう。私たちは、その能力でもって、いったい何をすればいいのだろうか。自信を持って答えられる人は必ずしも多くないはずだ。その意味で、私たちは、「おのれ自身を支配していない」のである。

オルテガに言わせれば、人間には2つの種類がある。「一つは自らに多くを要求して困難や義務を課す人、もう一つは自らに何ら特別な要求をせず、生きることも既存の自分の繰り返しにすぎず、自己完成への努力をせずに、波の間に間に漂う浮標（ブイ）のように漂っている人である」。このように指摘されるとギクリとするのは筆者だけではないだろう。

はたして自分は、自身に多くを期待し、それゆえに進んで困難に直面し、義務を果たしていると言えるだろうか。あるいはむしろ、自分は特別の存在ではないのだから特別の使命もなく、とくに努力をする必要がない以上、ただ日常のルーチンをこなしていけばいいと思っているのではないか。自分が波間に漂う「浮標」にすぎない、と言われて反論できる人はどれだけいるだろうか。

オルテガによれば、自由とはそもそも好きなことを思うようにできることではない。人間には使命がある。そうだとすれば、自由とは「本来の自己になるための準備」として理解されるべきではないか。このように畳みかけられると、「そんな面倒な自由なら、自由など要らない」と反論したくなるが、それはオルテガも織り込み済みである。彼は、人には自分の使命がある、それから逃げる人間に自由はふさわしくないのだと私たちに覚悟を迫っているのである。

専門家への批判

『大衆の反逆』が面白いのは、現代のいわゆる「専門家」に対しても容赦のない批判を繰り広げていることである。オルテガによれば、「専門家」とは最悪の大衆である。彼らは狭い自分の専門に閉じこもり、それ以外の社会や世界のことを実は何も知らない。にもかかわらず、自分は専門家であるがゆえに、何事に対しても権威をもって語ることができる、その権利もある。そう思って疑わないのが世にいう「専門家」なのだとオルテガは言う。

現在、自分たちが便利に暮らしているとすれば、それは過去に誰かがそれを準備してくれたからである。あるいは今も、私たちの暮らしを多くの人々が支えてくれている。その恩恵を忘れて、あたかも自分だけで生きていけると思っているのが現代人である。

ある意味で専門家は、自分の置かれた狭い世界だけを世界として考え、過去の先人の血のにじむ努力を知らず、現代社会において自らもまた文明の維持と発展に貢献すべきことを忘れた「忘恩の徒」なのである。

オルテガが今の政治状況を見たら、何と言うだろうか。私たちは日々フィルターバブルによって、自分でも気づかぬままに接する情報を選択され、エコーチェンバー（SNSで意見を発信すると、自分の意見と似たものが返ってくるという状況）の効果によって、同質の情報にばかり接している。

にもかかわらず、自分たちが狭い世界に閉じ込められていることを意識せず、自分とその同類が「凡俗」であると知りつつ、その意見を他人に押し付けようとする。自分と異なる意見の持ち主のことを想像できず、すべての異論を「陰謀論」として退ける。

こうした大衆像の象徴的存在ともいえるトランプ氏は、２０２４年の米大統領選への出馬を表明している。

薄ら寒い「自由」

こうした行動を取る私たちは、自分が自由であると思っているが、その自由がどこか薄ら寒いものであることもまた感じている。だからこそ、自分を安心させてくれる情報に、麻薬依存的と知りつつ、どうしてもすがってしまう。

そのような私たちにとって、自らの「使命」とは何なのか、果たすべき義務とは何なのか。私たちは、このような問いを手放して久しい。オルテガは、そのような私たちを「最悪の大衆」と呼び、「甘ったれたお坊ちゃん」と断じるであろう。

オルテガはそのような「大衆」を生み出したのが、現在のリベラルデモクラシーであると主張する。それでも彼は自由と民主主義を手放そうとしなかった。その未来を信じたのである。

ただし、オルテガはヨーロッパの分裂と祖国の衰退、さらに内戦を目前にして、1つの国が存在することが自明でも自然でもないことを強調している。

ある国が存在するのは、言語や民族の結び付きによるものではない。それは多様な集団が時間をかけて1つの国家をつくり上げてきた産物である。

逆にいえば、1つの国家であるための意志を失えば、直ちにその国家は失われる。国家は「共に何かをするために」初めて存在する。「私たちが国を守るとき、実は私たちの過去ではなく明日を守っているのだ」とオルテガは指摘している。

オルテガの**「文明は何よりも先（ま）ず共生への意志である。他者を考慮しない度合いに応じて反市民的で野蛮となるのだ」**という言葉を、私たちは重く受け止めなければならない。

世界の混乱を目にするとき、文明を取り戻すために自分が何をすべきか考える必要があるだろう。

（引用④）『大衆の反逆』 オルテガ・イ・ガセット著 佐々木孝訳・岩波文庫

『大衆の反逆』とは？

オルテガ・イ・ガセットはスペインの哲学者であり、その主著である『大衆の反逆』は大衆批判の書として名高い。オルテガの言う「大衆」とは、政治的決定に必要な情報や教養を持たず、しばしば社会の多数者の声や大量の宣伝に振り回され、自分で判断するより固定的なイメージやレッテルによって人やものを見る人々であった。このような時代状況にあって、オルテガの大衆批判は最も手厳しいものの1つであった。それにとどまらず、オルテガの鋭い人間と文明の分析は、「何のために生きているのか」がわからなくなっているすべての現代人に深く突き刺さる内容を持っている。

もっと深く知る3冊

・『自由からの逃走　新版』エーリッヒ・フロム著　日高六郎訳・東京創元社
・『夜と霧　新版』ヴィクトール・E・フランクル著　池田香代子訳・みすず書房
・『保守主義とは何か』宇野重規著・中公新書

宇野重規（うの・しげき）

1967年生まれ。東京大学法学部卒業。同大学大学院法学政治学研究科博士課程修了。博士（法学）。現在、東京大学社会科学研究所教授。専門は政治思想史、政治哲学。

古典を読む意義は「生活に不要」だから

翻訳家・イザベラ・ディオニシオ

古典の登場人物が身近な友人のごとく語りかけてくる「超訳」に定評があるのが、翻訳者のイザベラ・ディオニシオ氏だ。イタリア人の同氏はなぜ日本の古典を溺愛するのか。

10年以上前になるだろうか。社会人になって間もなく、大きなミスをして顧客にものすごく怒られたことがある。クレーム対応に追われ、気がつくと真夜中。ぽつんと独りで会社にいた。零時をとうに回ったところでいても立ってもいられなくなり、オフィスを飛び出して近くの公園に逃げ込んだ。ベンチに腰をかけると、急にポロポロと涙がこぼれた。

そのときだった。満天の星を見上げて、ふいに頭に浮かんだのは、「E quindi uscimmo a riveder le stelle（そしてわれらは、星を再び仰ぎ見ようとして外に出た）」というダンテ『神曲 地獄篇』の最後の有名な一句だった。ダンテに対して失礼だと思うほど、そのシーンにちっとも似つかわしくなかった。文学の最高峰とされる韻文の響きと自らのちっぽけな悩みとのあまりのギャップに、私は思わず噴き出してしまった。地獄はもうすぐ終わるのだ、と微（かす）かな希望の光が見えて、数時間ぶりに生きた心地がした。

文学研究者ではない私に言わせてもらえば、古典を読む意義はまさにこういうことだ。暗闇に包まれた、がらんとした公園で救いの手を差し伸べてくれる、人生の大先輩の言葉である。

ダンテの『神曲』とは長い付き合いだ。高校のときに授業で出合って以来。イタリアの高校はいくつか種類があって、それぞれカリキュラムが大きく異なる。卒業後にすぐ就職することを目的とした高校もあれば、大学に進学することを前提とした高校もある。私はその中でラテン語や古代ギリシア語などの文系科目が中心となっている学校を選んだ。今はさすがに変わったかもしれないが、私が通っていた時代は、第2外国語をやる必要はなし。数学なんて、週2、3時間ぽっちしか受講していない。

その代わり、向き合ったのが古典だ。必死に辞書のページをめくって、教科書とにらめっこする日々。高校生活の話し相手はキケロとプラトンとダンテだけ、といっても過言ではない。

大学では日本語を学び、しかも役に立たない科目ナンバーワンとされる文学を専攻した。最初は日本の平安文学にハマって、その次は近代文学にメロメロになった。

日本に限らず、若者の活字離れが話題になることが多い昨今。将来的には古典なんぞ誰も見向きもしなくなるのではないか、との懸念から、古典を勉強する必要性を唱える先生が大勢いる。ところが古典の魅力はその逆なのではないかと、生意気にも私は思う。生活に必要ないからこそいいのだ。

古典を知らなくても生きていける。むしろ知らないほうが幸せだともいえる。だが、しかし。誰だって心細くなることはある。挫折を味わい、失態を犯す。そして悲しみに暮れているそのとき、不思議にも昔の人々の言葉が妙な力を発揮してくるのだ。だから私は、無駄であることを重々承知のうえでどうしても古典がやめられない。

イザベラ流現代語訳

古典の魅力を語るのに最もふさわしい菅原孝標女（すがわらのたかすえのむすめ）の言葉をイザベラ流現代語訳で体験しよう。

世の中に物語といふもののあんなるを、いかで見ばやと思ひつつ、つれづれなる昼間宵居などに、姉、継母などやうの人々の、その物語かの物語、光源氏のあるやうなど、ところどころ語るを聞くに、いとどゆかしさまされど、わが思ふままに、そらにいかでかおぼえ語らむ。

（引用元　『更級日記　現代語訳付き』　原岡文子訳注・角川ソフィア文庫）

【現代語訳】

世の中には物語というものがあると知って以来、それを読みたくて仕方がないの！　手持ち無沙汰の昼間や夜起きているときに、姉や継母などから物語の断片とか光源氏の様子とか、そんなことを話すのを聞くたびに憧れが募るばかり。大人たちがなぜ全部丸暗記して語ってくれないのか、もう～じれったい！

イザベラ・ディオニシオ（Isabella Dionisio）

１９８０年生まれ。イタリア出身。大学時代から日本文学に親しみ、２００５年に来日。お茶の水女子大学大学院修士課程（比較社会文化学日本語日本文学コース）を修了後、イタリア語・英語翻訳者および翻訳コーディネーターとして活躍中。近著に『女を書けない文豪たち』。

明治5年に中村正直が翻訳した意図とは？

『自由論』の思想は日本に定着しなかった

思想家・内田　樹

ミルの『自由論』は名前だけはよく知られているが、あまり読まれることのない古典である。現に、私はこの本を「座右の書」に挙げた人にこれまで会ったことがない。でも、この本は明治5年（1872年）に啓蒙思想家の中村正直（まさなお）が『自由之理』として翻訳した。ミルの存命中だから、たいへん早くに紹介されたことになる。この本を明治の日本人に読ませる緊急性があると中村は確信していたのだと思う。もちろん、その時代の日本にとって国家的急務は「近代化」である。中村はこれを日本近代化のために必須のものと考えて選書したのである。けれども、壮図むなしく、ミルの成熟した政治的知見はついに日本の政治風土には定着しなかった。定着していれば、近代日本の政治史はもっと穏やかなものになっていただろうし、戦争に負けることもなかっただろう。

だから、この本に書かれていることは明治の日本人にとって実は「かなり理解しにくいこと」だったということになる。でも、読めばわかるが、ミルが説いているのは「ものすごく当たり前のこと」なのである。ただし、「大人にとっては」という限定条件がつく。

西欧の思想家には「過激な人」と「温厚な人」がいる。過激と温厚を分かつのは気質の問題というよりは、前提の違いである。「過激な思想家」は「世の中には（私のような）賢い人間と、圧倒的多数の愚者に二分される」というふうに考えている（例えばニーチェ）。「だから黙って私の話を聞け」という態度になりがちである。

一方の「温厚な思想家」は「世の中の人は私同様に誰もそこそこ賢くて、そこそこ愚鈍である」というふうに考えている。だから、実践的急務は「どうすれば人は賢さを伸ばし、愚かさを抑制できるか」というものになる。そういう話をする人はあまり頭ごなしに人を怒鳴りつけたりしない（ミルをはじめエドマンド・バークやジョン・

ロックなどイギリスの思想家にはそういう人が多い)。

「過激な思想家」はだいたい生まれつきすばらしく頭がいいので、「どうすれば賢くなるか」というような実利的な問いを自分に向けることがない。それに対して、「温厚な思想家」は自分自身についても、知性が快調に機能しているときと、いささか不調な場合の差にかなり自覚的である。だからどうすれば「私の頭はもっとよくなるか」ということを若いときからまじめに考究している。そして、総じて「温厚な思想家」たちがたどり着いた実践的結論は「シンプルな解に居着かないで、つねに葛藤のうちで揺れ動くことが知性の活性化には最も有効である」という知見であった。

ミルは父親から一種の天才教育を授けられた。父親のジェームズ・ミルはアカデミックな教育を受けていたのだけれども、おそらくそれでは物足りず、「どうすれば人間の知性はその能力を最大化できるか?」について息子を使って実験してみたのだと思う。実験は成功し、自分自身の知的成熟の経験からミルはいくつかの知見を得た。そんな紹介の仕方をする人はいないと思うが、私は『自由論』はミルが「どうして私はおのれの愚かさを抑制し、知性の活性化に成功したのか」という経験知を公開したものだと思って読んだ。

だから、読者諸氏がこの本を「功利主義者は自由という概念をどう捉えていたか?」というような「学的」関心から手に取った場合には読んでもあまり面白くないと思う。そういう構えで得られる知見は世界史の教科書に書いてあることとそれほど変わらないだろう。でも、「どうすれば人間の知性はその能力を最大化できるか?」という読者諸氏自身のリアルで切迫した関心から手に取った場合には、そこから読み取れるものはずいぶん違うと思う。

明治5年の日本の課題

中村がこの本を日本近代化のための必須文献と見なしたのは、一読してそのことを理解したからだろう。この本を訳した明治5年といえば、前年から岩倉具視に率いられた岩倉使節団が、木戸孝允、大久保利通、伊藤博文らの明治元勲を引き連れて欧米視察に出ていたまさにそのときである。だから、当然、この『自由論』も欧米の先端的学知を取り入れるための資料として読まれたはずである。一部を引用しよう。(引用⑤)

部分的な真理どうしの激しいぶつかり合い、それはけっして悪いことではない。真理の半分が音もなく静かに抑圧されること、これこそが恐るべき害悪なのである。どのようなテーマについても、一般に流布している意見が真理の全体であることはめったに、というか、けっしてないのであるから、真理の残りの部分は、対立する意見がぶつかり合う場合にのみ、得られる可能性がある。

われわれが論争するとき犯すかもしれない罪のうちで、最悪のものは、反対意見のひとびとを不道徳な悪者と決めつけることである。

でも、ここに書かれているような英米の民主主義社会が遭遇した難問（市民的自由と社会的統制の葛藤というのがメイン）は、明治5年の日本においては少しも緊急性のあるものではなかった。その時点の日本はそもそも民主主義社会ではなかったし、いずれそうなるべきだという国民的合意もなかったからである。中村はおそらくこの本を「政体にかかわらず、人が集団的に生きてゆくために絶対に必要な技術知」を得るための書物として差し出したのだと思う。

明治初期の日本は短期間のうちに欧米列強に伍する近代国家になる必要があった。そうならなければ清のように、列強によって植民地化されるリスクがあった。しかし、短期間に近代国家をつくり上げるため国家須要（しゅよう）の人材を育てるための手がかりとして、彼らの手元には儒学と仏典と武士道くらいしかなかった。

明治の元勲たちの多くは「自説に反対する者はすべて悪だ（だから殺す）」という水戸学的単純主義を「成功体験」として内面化した人たちであった。そのような人々に政治を委ねていては近代国家の建設はおぼつかない。近代化に必要なのは反対者を完膚なきまでに論駁（ろんばく）して黙らせるタイプの攻撃的な知性ではなく、集団としてのパフォーマンスを最大化するための手堅い知的技術である。そのことに中村はたぶん気がついたのだと思う。

異説に耳を傾けること、反対者と共に統治すること、敵と共に生きること、それができるほどの政治的成熟を短期間に成し遂げることが日本人には必須だった。成熟への手がかりとしてミルを選んだことは誠に適切だったと思う。しかし、「短期間に成熟する」ということは極めて困難な事業である。だから、残念ながらミルの知見は明治の日本には定着しなかったし、21世紀の今も定着していない。でも、今からでも遅くはない。人はいつからでも成熟の階梯を上り始めることはできる。

（引用⑤）『自由論』ミル著　斉藤悦則訳・光文社古典新訳文庫

『自由論』とは？

『自由論』は英国の哲学者・経済学者、ジョン・スチュワート・ミル（1806〜73）の1859年の著作。米国の建国によって、欧米の人たちは「民主主義社会においても、市民的自由と社会的統制の間には矛盾が発生する。市民の自由は、どういう基準でどこまで抑制することが許されるか」という、それまで（王政や帝政の社会では）

考える必要のなかった難問に直面することになった。『自由論』はその難問に対する原理的な考察である。ミルがこの本を書いてからもう150年以上経ったけれど、残念ながら、私たちはいまだにこの難問の答えを見いだしていない。

もっと深く知る3冊

・『アメリカのデモクラシー』 アレクシス・ド・トクヴィル著 松本礼二訳・岩波文庫

・『ザ・フェデラリスト』 A・ハミルトン、J・ジェイ、J・マディソン著 斎藤眞、中野勝郎訳・岩波文庫

・『大衆の反逆』 オルテガ・イ・ガセット著 佐々木孝訳・岩波文庫

内田樹（うちだ・たつる）

1950年生まれ。神戸女学院大学名誉教授。専門はフランス現代思想、映画論、武道論。主著に『レヴィナスと愛の現象学』『私家版・ユダヤ文化論』『日本辺境論』など。

私が薦める名著①　『君主論』マキアヴェリ

日本にはマキアヴェリ的君主が必要　ただ人事権などの濫用には注意

経営共創基盤（ＩＧＰＩ）グループ会長・冨山和彦

マキアヴェリの『君主論』を初めて読んだのは、約３０年前に米スタンフォード大学のＭＢＡコースに留学していたとき。薄いこともあり授業の副読本として手に取ったが、面白くてすぐに読み切った。２００３年に産業再生機構のＣＯＯに就任した際も、改めて読み直した。

『君主論』はイタリア・フィレンツェ共和国のニッコロ・マキアヴェリ（１４６９〜１５２７年）による著作。こういう統治をしたら結果はこうなる、という事例集として読み、今見ても実際の組織経営での「あるある」が満載だ。

その思想に通底するのが、リーダーに善意があるからといって国が繁栄するとは限らないということ。だから善良なリーダーになるよりも、まず自らの権力をいかに機能させるかを考えよ、とマキアヴェリは言う。目的も手段も正しいことが理想だが、それが不可能なとき、手段の正しさは目的の正しさに劣後する。目的を達成するためには手段が多少悪辣でもいいのでは、と。すると「悪の政治学」になるが、善悪の価値観は立場によって変わるものだ。その相対性を客観的に見つめられない人は、手段の正しさにこだわり悲劇的な結果を招いてしまう。

この考え方は、私が関わった産業再生のような厳しい局面でこそ生きてくる。全員を救うことが難しいとき、1人でも多くの人生を壊さないようにするためには一定の犠牲が必要だ。平時というより危機の局面の統治論といえる。

経営者でいえば、日立製作所で再建を担った川村隆氏と故・中西宏明氏のコンビがいい例で、「日立再生」という目的のために事業をどんどん切った。小泉純一郎元首相もそうだ。だが今の日本にはこうした統治を実践できるリーダーが非常に少ない。

それは新型コロナ関連の政府の企業支援策からも見て取れる。すべての企業を救済しようと巨額の財政出動をしてばらまきをした。打撃を受けた企業の経営者は一息つけたかもしれないが、その結果として金利を上げられず、円の価値がどんどん下がっている。

企業を潰さないことを政策の大義名分にすれば、産業の新陳代謝が起きずDXもGX（脱炭素化）も進まない。長い目で見れば全員が地獄へ向かっている。

もっとも手段を選ばないからといって、つねに強権的に振る舞えばいいとは限らない。人事権の発動といったハードパワーは「ここぞ」というときに絞って行使すべきだ。濫用すれば嫌われてしまい、脅したりお金を渡したりしないと人が従わなくなる。力の維持や使い方には細心の注意を払う必要がある。これもマキアヴェリから学ぶべき点だ。

（構成・印南志帆）

冨山和彦（とやま・かずひこ）

1960年生まれ。東京大学法学部卒業、米スタンフォード大学経営学修士（MBA）、司法試験合格。2003年産業再生機構設立に参画しCOOに。カネボウ、ダイエー、JALなどの企業再生に関わる。機構解散後、IGPIを設立。『シン・君主論』（共著）など著書多数。

『君主論』
ニッコロ・マキアヴェッリ 著
講談社学術文庫
経営共創基盤グループ会長
冨山和彦

『小右記』
藤原実資 著
吉川弘文館
国際日本文化研究センター教授
倉本一宏

『自由論』
ミル 著
光文社古典新訳文庫
思想家
内田 樹

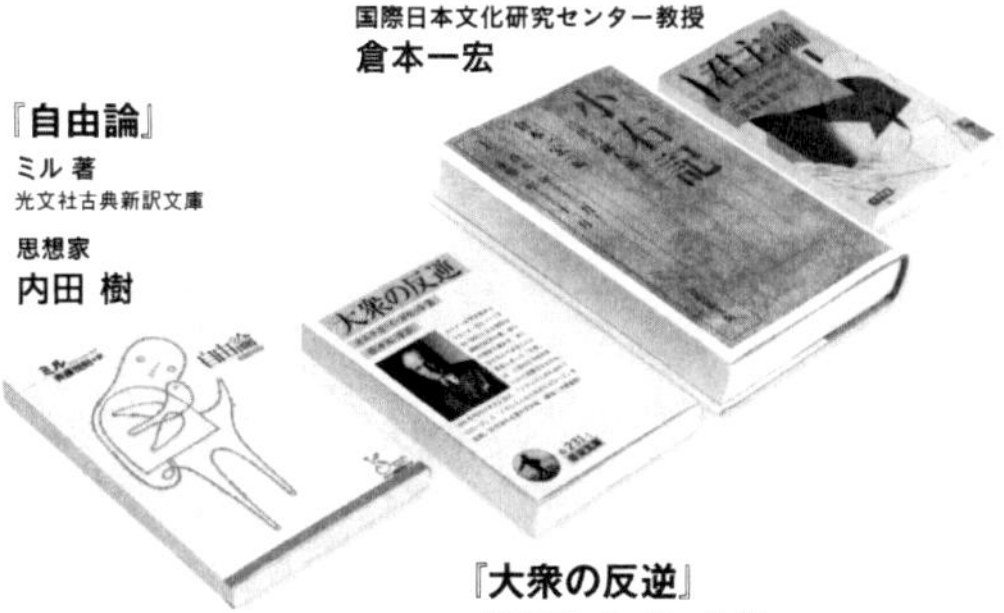

『大衆の反逆』
オルテガ・イ・ガセット 著
岩波文庫
東京大学教授
宇野重規

市場の〝見えざる手〟なき日本 今こそ原点に立ち返ろう

星野リゾート 代表・星野佳路

普段は経営の教科書としてドラッカーの著作などを読んでいるが、「今読むべき古典」を推薦するなら、経済学の父、アダム・スミスの『国富論』(1776年に英国で刊行)を挙げたい。

それは星野リゾートの経営というよりも、現在の日本経済の状況を考えてのことだ。資本主義やビジネスの競争のあり方について、原点に返るべきだと強く感じている。この本の中でアダム・スミスは、国家による統制や干渉を否定し、各個人が自己の利益の最大化を目指すと世の中はよくなるという、「レッセフェール」の理念を論じている。そこから今の資本主義やビジネスの基本が始まった。

一方、自由化が招く弊害として過度な不景気や恐慌がたびたび起こり、それを和らげ修正するために財政や金融政策が実行されてきた。ところが最近の日本の財政・金融政策を見ていると、ただ「みんなが平穏無事でいること」が目的化している気がしてならない。

例えばガソリン価格高騰を抑える補助金。大恐慌でもないのに、国家財政に負担をかける補填・軽減策を続けている。一見ガソリン価格は上がらず「政府はよくやっている」となるが、当然弊害も生じる。省エネの工夫や再生可能エネルギーなどのイノベーションの発展を妨げてしまうからだ。

観光業では、政府による観光需要喚起策の「全国旅行支援」も副作用が大きい。政策発表から開始までの期間があまりにも短かったために、実際にはかなりの予算が既存予約に充てられた。もともと旅行するつもりで予約していた人に対して国が税金で補助しても、ほとんど経済効果はない。

水際対策を緩和して国内観光客も戻っている今、巨大な補助金を出すと市場の健全な競争環境を著しく阻害してしまう。これではアダム・スミスが言ってきた市場の「見えざる手」が機能しなくなる。

アベノミクスの「3本の矢」では、黒田バズーカによる大胆な金融政策と機動的な財政政策までは放てたが、3本目の成長戦略がいま一つだった。規制緩和こそが成長戦略であり、アダム・スミスだ。規制緩和で市場の競争環境を整備することで、雇用と仕事が増えて、給与も上がる好循環になる。金融政策と財政政策だけでは、一時的なカンフル剤で終わってしまう。

実は、成長戦略を嫌がっているのは産業側でもある。私は以前から観光業の競争環境をより健全にする方法として、休日の平準化を提案してきた。フランスでは休暇の期間を地域ごとに3つに区分して、順番に大型連休を取得しているが、日本はゴールデンウィークにばかり集中してそれ以外は空室になっている。休日分散化の政策を進めるだけでも、日本のサービス業の生産性は上がる。

だが、それに反対するのは観光産業自身だ。国民全員の大型連休があれば頑張る施設も頑張らない施設もみんな満室になるが、休日が分散化されると、本当の競争が始まってしまう。レッセフェールの状態を嫌がるようでは、最終的に社会全体の利益にならない。

もう一度アダム・スミスが言っていた、規制のない世界と自由な競争、そして価格は需要と供給で決まるという原点に返る必要があるのではないか。

（構成・秦　卓弥）

星野佳路（ほしの・よしはる）

1960年生まれ。米コーネル大学大学院修了後、米国で日本航空開発（現オークラ　ニッコーホテルマネジメント）に入社。89年に帰国後、実家の星野温泉に入社するも、半年で退職。シティバンクを経て、91年、星野温泉に戻り、社長に就任。現在はグループの代表を務める。経営学の「教科書」を活用した経営を実践。

生き残っていくビジネスは人間らしい顔をしている

法政大学　名誉教授・田中優子

井原西鶴（1642〜93年）が著した『日本永代蔵』の「永代蔵」とは永く続く富のことだ。この時代の商人たちにとっては莫大な富を得ることより、「永く続く」ことが価値だった。さらにこの作品には「大福新長者教」という副題もついている。長者になるための教えという意味だ。

しかし「経済」はそもそも「経世済民」の略である。江戸時代では、世の中を営むことで万民を救済する、という意味だ。金を儲けることではない。

商いが継続するには、それが自分のためだけでなく人のためにもなり、社会の役に立ち、人から信用されることが重要なのである。であるから長者の教えといっても金儲け指南ではなく、商いを営み、さらにそれが継続するには何が大切なのかを書いている。全体を読み終わったときには、「まともな人間としてビジネスを続けるためにはどう生きるべきか」がわかる。それが、今読むべき古典とする理由である。

その背後には経営における「日本」意識もある。江戸時代に日本人は、外国から入ってくる高度な商品を生活に合わせて「日本化」しつつ、新しい商品や商法を生み出していたのである。つまり生産者も商人も世界を知っていた。イノベーションが絶えず起こり、自国の製品に誇りを持っていた。それが表題の「日本」という言葉に表れている。

「煎じやう常とはかはる問薬」という話では、金持ちになる処方箋が書かれている。しかもそれぞれの割合まで指南する。最も大きな割合であるのは家業、つまり本来の仕事に励むことで、それは40％を占める。次に倹約で20％、健康が14％、早起きが10％等々だ。倹約をするには何を回避すればよいかも詳しく書かれている。

さらに、この中には起業しようとしても資本を持たない人が、大工たちの捨てた木くずに注目し、それを集めて売ることで資本をつくった話がある。ほかの篇には、コメの検査のときに米俵から落ちたコメを集めて資本に換える話や、その米俵のわらのふたを集めて銭差しというひもを作って売る話が見える。人が捨てたもの、顧みないものの中に価値を発見することは、今日でも極めて重要だ。

商人たちは「儲けすぎない」ことを誇りにしていた。人々が納得できない方法で多くの利ザヤを得ると、結局世間から見放されるからである。例えば「茶の十徳も一度に皆」という恐ろしい話がある。

茶を商う商人の利助が、すでに使い終わった茶殻を「染め物に使う」と言って集め、新しい商品に交ぜて売ったのだった。江戸時代は何でもリサイクルした。排泄（はいせつ）物もゴミも肥料になり、灰は染め物や肥料に使った。使用済みのものを買い取る業者は珍しくなく、誰も怪しまなかった。

しかし、利助はいつしか狂い始め、自分の悪事を自分で言い触らすようになり、果ては寝ついてからも金銭にしがみつき、誰も近づかなくなった。この話の末尾では、偽物売りや計画倒産、結婚詐欺などの事例を引きながら、何をしたとしても生きていかれるのだから、まともに仕事をすべきだと書いている。

現代においても、収益さえ上げればよいという時代は終わった。企業の価値は法律の順守はもちろん、環境への配慮、人権への配慮にも及んでいる。時には株価にもそれが反映する。経済、経営が人間のためにある以上、生き残っていくビジネスは、やはり人間らしい顔をしているものなのだ。

田中優子（たなか・ゆうこ）

1952年生まれ。法政大学社会学部教授、同学部長等を経て法政大学総長（2021年に退任）。『江戸の想像力』など著書多数。

世界の起業家が〝東洋思想〟に注目　イノベーションと古典は矛盾しない

ユーグレナ社長・出雲　充

日本は2022年秋にようやく〝鎖国〟が終わり、世界中の起業家が東京や京都に来るようになった。米シリコンバレーやイスラエル、フランスの起業家の仲間たちが今日本で何をやりたがるかというと、マインドフルネス（瞑想）の勉強とその実践としての座禅だ。

これは偶然ではなく、米国流の資本主義の限界がわかってしまったためだ。今のやり方の延長線上では、気候変動問題も格差問題も解決できそうにないし、政治的分断も修復不能な状態になっている。これまでの資本主義とは違う新しい道をみんなが探る中で、すぐに答えは見つからないが、そのヒントが東洋思想の中にありそうだと世界中が研究を始めている。

東洋にいるわれわれにはそのアドバンテージがあり、東洋思想を勉強し直すことで新しい時代を切り開けるチャンスがある。まさに渋沢栄一（1840～1931年）が『論語と算盤』で述べたように、そろばん（＝利益）だけでの社会の発展には限界があり、論語（＝道徳）のアプローチも必要だということだ。長期と短期の矛盾に同時に立ち向かう時代に、論語の価値が急速に高まっている。

読み方の順番としておすすめなのは、まず入り口として渋沢栄一の『論語と算盤』を読んだ後に、孔子の『論語』を読むこと。とくに読み下し文がついた『仮名論語』（伊與田覺著）を声に出して素読するのがよい。

私は大株主でもあるSBIホールディングス代表の北尾吉孝さんの紹介で、2013年から論語を素読する読書会に参加している。これが初めの1年はとにかくつまらなかった。高名な経営者の方と一緒に、「子曰（しいわ）く」から読むが、「こっちはベンチャーで時間がないのに、何の役に立つのか？」と、30代のときはとにかく即効性のある本を求めていた。

だが読書会に参加して何回も通読することで、孔子と弟子のやり取りが頭の中に残る。非常時の心構えであったり人材採用であったり、自分の経験と『論語』があるとき急につながるようになると、一気に面白くなる。

読書会の先生から「コロナ禍で最初に思いついた章句は?」と聞かれ、頭に浮かんだのは「遠慮」。昔は「謙虚になりなさい」という意味だと思い込んでいたが、実は「人遠き慮（おもんぱか）り無ければ、必ず近き憂い有り」が原義で、リーダーは長期思考とプランBを用意しておく必要があることを言っている。

イノベーションと古典に書かれた内容は矛盾しないし、スタートアップだから古典よりも新しい知識を得たほうがいいということもない。アセットが膨大な大企業の経営者は国家を論じる『老子』が参考になるし、スタートアップは周りを大国に囲まれた小国の戦略論である『孫子』から得られることが多いだろう。

（構成・秦　卓弥）

出雲　充（いずも・みつる）

東京大学農学部卒業後、2002年東京三菱銀行（現三菱ＵＦＪ銀行）入行。05年ユーグレナを創業。同年に世界でも初となる微細藻類ユーグレナの食用屋外大量培養に成功。年間300冊の本を読む。

孔子の教えに逆らい日立を再生　〝老人は気急なり〟を経営の戒めに

日立製作所　元会長・川村　隆

「日立製作所の社長をやってほしい」と言われたのは69歳のとき。創業以来の赤字を出した直後の2009年に、社長をやる人間が誰もいなかったためだ。意識したのは自分が年寄りだということ。短期間のうちになすべきことをやり遂げ、早く辞めなければならないと考えた。

だから私は、「仕事の書」として『言志四録（げんししろく）』をよく読んだ。幕末の儒学者・佐藤一斎（いっさい）（1772～1859年）が後半生の四十余年にわたって書いた語録で、一言で言えば動乱期のビジネス論。孔子をはじめとした儒家の思想を基に、現代のビジネスにも当てはまるような痛烈な言葉がつづられている。

例えば、「雅事は多く是（こ）れ虚なり」。会社はさまざまな周年行事をやったり、お客さんとドンチャン騒ぎで遊んだりするけどみんな虚だ、と。また「凡（およ）そ剛強の者は与（くみ）し易（やす）く、柔軟の者怕（おそ）る可（べ）し」。仕事の中でも、柔軟な相手のほうが本当は怖いでしょう。人を見る眼力が大事だなと思い当てはまる。

最晩年の『耋録（てつろく）』には、年寄りに関することがよく書かれている。例えば、老人への戒めとして、「老人は気急なり」と、自重せずに妄言を信じることの危うさを説く。また「老人は尤（もっと）も遜譲を要す」と譲ることの重要性をいう。普通の社長のように6〜7年もやっていたら、次の中西宏明君（10年日立社長に就任、故人）は70歳近くで社長就任になってしまう。それで経営を早く譲った。

子どもの頃から古今東西の書を読んできたが、私が本当に感心しているのは、『言志四録』とその儒家思想の基にある孔子の『論語』だ。だが、孔子の教えに少し逆らったこともある。

「稼ぐ、削る、防ぐ」をやっていくのが会社経営だ。日立全体が沈まないように私は悪いグループ会社をいくつも潰した。ただ、1万人が働く工場がなくなると、その町のタクシー運転手も弁当屋も全部潰れてしまう。それをやったほうがいいのかそうとう悩んだ。

論語には、「夫子（ふうし）（孔子のこと）の道は忠恕（ちゅうじょ）のみ」という一節がある。「忠」とは、これをやるべきだと思ったことに全力投球すべしという意味。「恕」というのは思いやりのことだ。ただ、孔子は1つだけやらなければいけないものは何かと弟子に問われ、「其（そ）れ恕か」と答えた。忠は言わなかった。

会社の諸先輩方も怒鳴り込んできたが、孔子の教えの「恕」に逆らって、日立の新しい仕事をつくるためにその会社は潰した。孔子が言う「忠」は、日立の創業理念の1つ「積極進取の開拓者精神」に通じる。これが廃れて当時の日立は危機に陥ったし、今の日本企業は世界で埋没している。

バートランド・ラッセルは『幸福論』で、企業経営者は学者、芸術家に次ぐ3番目に幸福な職業だと言っている。それは、今まで世になかったものを創造できるからだ。

日本の経営者にはもっと頑張れと言いたい。

（構成・秦　卓弥）

川村　隆（かわむら・たかし）
1939年生まれ。62年日立製作所入社。日立製作所が7873億円の巨額最終赤字を出した直後の2009年に執行役会長兼社長に就任。日立再生を陣頭指揮した。17年に東京電力ホールディングス社外取締役会長に就任し20年退任。読書を中心とした「一俗六仙」生活を送る。

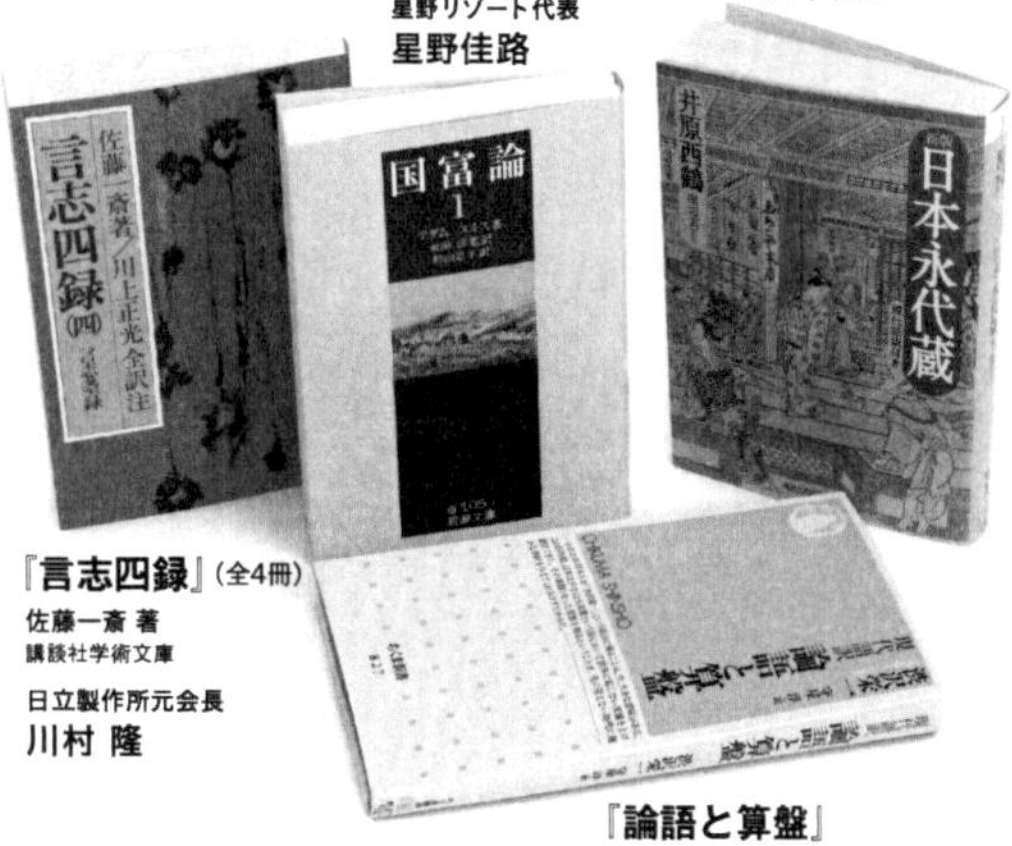

『国富論』（全4冊）
アダム・スミス 著
岩波文庫
星野リゾート代表
星野佳路

『日本永代蔵』
井原西鶴 著
角川ソフィア文庫
法政大学名誉教授
田中優子

『言志四録』（全4冊）
佐藤一斎 著
講談社学術文庫
日立製作所元会長
川村 隆

『論語と算盤』
渋沢栄一 著
ちくま新書
ユーグレナ社長
出雲 充

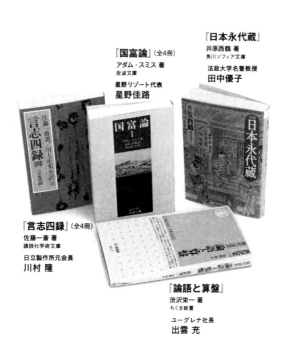

会社員を侵食する「ファスト教養」

ライター・ブロガー　レジー

昨今目立つのが、古典などの文化的教養を仕事で周りと差をつける手段として手っ取り早く学ぼうという風潮だ。『ファスト教養』著者のレジー氏に、その問題点を聞いた。

――書店には『教養としての〇〇』と題する本があふれています。

海外に比べて日本の偉い人は教養が足りない、古典や芸術を学べ、という指摘は昔からあった。だが今の風潮は、普通の会社員が周囲と差をつけるアクセサリーとして教養を身に付けようというものだ。

とはいえ日々の仕事で時間はないから、できるだけ労力をかけずに、要点を即席でざっくり学びたい。こうした「ファスト教養」へのニーズに応えた結果、「教養としての」「10分でわかる」といったビジネス教養本が氾濫している。

――ファスト教養の定義とは?

定義するレイヤーは2つある。1つは学ぶ目的。「ビジネスの役に立つ」「お金を稼ぐ」ことが主眼になる。そして2つ目が、学び方。近年、タイパ（タイムパフォーマンスの略）という言葉がもてはやされるように、いかに圧縮した内容を効率的に得るかが肝になる。だから順を追ってではなく、結論から知りたい。

代表的な例が、お笑い芸人である中田敦彦氏の「ユーチューブ大学」。本人が「エクストリーム授業」と銘打つように、気持ちよさとわかりやすさが重視される。

――この風潮はいかにして生まれたのでしょう。

大まかな経緯はこうだ。2000年代後半に熱狂的な「カツマー」を生んだ勝間和代氏は、ビジネスで差をつける要素を「英語、IT、会計」とした。それを意識が高い人々が実践した結果、差別化ポイントではなくなった。そこで「次は教養だ」と。

2010年代を通して、池上彰氏や出口治明氏の本が売れ、ビジネスメディアのニューズピックスが教養特集を作り始めた。経営コンサルタントの山口周氏が書いた『世界のエリートはなぜ美意識を鍛えるのか』も支持された。こうして、スキルとして身に付ける教養という位置づけが一気に一般化したのが10年代の後半のことだ。

――会社員は過酷な競争環境に置かれているともいえます。

セーフティーネットも十分でないこの自己責任社会で、自らキャリアを切り開いていかないと脱落してしまう。こうした不安が漂う時代背景から、人と違うものを身に付けて出し抜かなくてはいけないという空気が生まれた。

その空気は、堀江貴文氏が注目を集めた2000年代前半に社会に出たアラフォー世代の発信に強く引っ張られている。「ホリエモン世代」とも呼べるかもしれない。中田氏は1982年生まれなので、まさにホリエモン世代だ。

こうして堀江氏が各所で唱えていた「弱肉強食」「稼ぐが勝ち」という思想が教養と合体した結果、ファスト教養が生まれた。

——「ファスト教養」でも入門になればよいのではないですか？

明言したいのは、ファスト教養は入門になりづらいということだ。入門とは、その先にあるものを知る入り口に立つことをいう。一方、ファスト教養の場合はドアを開けたらそこにゴールがある、というつくりになっているものが多い。まるでスタンプラリーのごとく、深みにはまることなく「ここまでわかればＯＫ」と。

だからといって、「古きよき教養に回帰せよ」と主張するつもりはみじんもない。ただ、ファストな学びで教養本来の文脈をどれだけカバーできているのか、つねに意識しておきたい。学ぶことで多様なものを受け入れ、未知の世界に対して知的好奇心を持つ。そんな考え方とは大きく距離のあるものが今、教養と呼ばれ始めている。

（聞き手・印南志帆）

（レジー）

１９８１年生まれ。一般企業で事業戦略などに関わる仕事に従事する傍ら、日本のポップカルチャーに関する論考を各種媒体で発信。著書に『ファスト教養　１０分で答えが欲しい人たち』。

挫折しない哲学入門「学び順」にはコツがある

玉川大学 名誉教授・岡本裕一朗

哲学にどう入門するか？ これは、哲学が始まって以来、絶えず問われてきたことである。そのため、プラトンやアリストテレスは学校をつくって、青年を教育した。今日では、そうした「哲学の学校」はないので、自分で本を読むほかない。ところが哲学を学ぶために本を読むといっても、これがなかなか難しい。

哲学者の学説や考えを手っ取り早く知りたいとき、多くの人は解説書や入門書を読むだろう。これを「知識のための読書」と呼ぶことにしよう。多忙な現代人にはこのやり方は重要だ。ところが、この手の知識をどんなに集めても、自分で「哲学する」とき、あまり使えない。人前で知識をひけらかすのではなく、自分で考えるときは、やはり哲学者の著作を読む必要がある。

こうして、どこかの時点で哲学者の著作を読まざるをえなくなる。しかし、解説書や入門書とは違って、原典はすらすらと読むことができない。大抵は数ページで断念してしまう。古典といわれる著作はほとんどそうである。これは、使われている言葉や、説明されることの背景が、十分理解できないからだ。それでも、少しずつ読んでいくと、哲学者の発想や言葉遣いがわかってくる。こうなると、自分の体験と本の内容がシンクロし、読むのが楽しくなるはずだ。

ただ、やみくもに読めばいいというわけではないので、無理のない方法をお伝えしたい。何より入門者の鉄則として、あまりに大部の本は避けたほうがいい。例えばプラトンだったら『国家』とか、アリストテレスなら『形而上学』などが紹介されることがあるが、これらはビギナーには荷が重い。ということで、ページ数が少ない本で、基本的な考えが理解できるものに限って紹介する。

哲学に入門するには、およそ2500年の歴史を概観するように読むほうがイメージしやすい。そのため今回は、哲学史に沿って何をどう読むかについて紹介する。まず哲学の始まりを考えるとき、ソクラテスやプラトンが何を問い、どう考えたのかを理解しよう。それに適した本として、プラトンの『パイドン』をお薦めしたい。これは、プラトンの師であるソクラテスが、獄中で最後に語る哲学の話（「イデア論」）である。

哲学（フィロソフィア）という言葉は、「本当の知を愛する（求める）」という意味からきているが、ソクラテスの生涯がまさにその実践だった。彼は周りの有力者たちに、「○○とは何か」という問いを投げかけ、彼らの無知を暴き立て、死刑に処せられた。このとき、「何か」に当たるものを、プラトンは「イデア」と呼んだ。これは、個々の具体的なものではなく、それらのものの本質である。

プラトンは、そうした「イデア」が存在するものと考えた。例えば犬のポチやシロは、外観が違っていても「犬」として共通である。この共通の普遍的なものを「イデア」と呼ぶわけである。プラトンによると、ポチやシロなどは「犬のイデア」を分有することで、「犬」と呼ばれる。プラトンはこうした普遍的なイデアが存在するものと考えている。

ところが、プラトンの「イデア」は、近代になると私たちの思考へと移されていく。現代では、「アイデア（idea）」といえば、頭の中にあると思われているが、この元の形は「イデア」である。こうして、「イデア」が「観念（アイデア）」へと変わったわけである。近代の哲学者であるデカルトは、意識が直接関わるものを「観念」と見なし、「イデア」の意味を根本的に変えたのである。

そのため近代哲学は、古代の「存在論的転回」に対して、「認識論的転回」と呼ばれている。デカルト以後、哲学の問題は意識や認識をめぐって議論されるようになる。その典型的なモデルを理解するには、デカルトの『省察』を読むことをお勧めする。そのとき原理となるのが「われ思う（コギト）」であり、意識から出発する立場が明確に示されている。

客観性を重んじたカント

デカルトの哲学を受けて、18世紀末にカントは「思考法の革命」を表明した。カントによると、私たちの認識は自分たちに備わっているカテゴリーや概念に基づいて行われる。サングラスを掛けて物を見ると、サングラスの色が物の性質のように見えるが、ちょうどそれと同じように、私たちの持っているカテゴリーや概念によって、認識される対象のあり方が変わってくる。

カントの考えでは、私たちに備わっているカテゴリーや観念は、すべての人に共通（普遍的）で、歴史的にも変化しない。これに基づいて客観的な科学的認識も可能になる。こうした考えは『純粋理性批判』で詳細に展開されているが、簡便な仕方では『プロレゴメナ』を読むとわかる。

すべての人に共通で歴史的に変化しない（普遍的・不変的）認識という考えを厳しく批判したのが19世紀末のニーチェである。「遠近法（パースペクティブ）主義」を提唱して、すべての認識は特定の立場や観点からのもので、その違いによって認識が変わると主張した。それを表現するため、「(すべての人に共通の)事実は存在しない。むしろさまざまな解釈のみがある」と言った。この考えは、『愉(たの)しい学問』の中で、印象的に語られている。遠近法(パースペクティブ)はルネサンス以来の芸術の技法だが、私たちの認識が立場や観点によって異なることをニーチェは強調したのである。

ニーチェの考えは、20世紀になって爆発的に流行することになった。その結果、「文化や社会が変われば、思考や認識も変わる」といった相対主義や、「一人ひとり考えや見方が異なる」といった主観主義が現代では蔓延している。21世紀の今日、ニーチェが残した相対主義にどう取り組むかが、重要な課題となっている。

【まとめ】

①古代ギリシア哲学　プラトン『パイドン』　普遍的な本質である「イデア」が存在する

②近代哲学　デカルト『省察』「イデア」から意識の「観念(アイデア)」への変化

③18世紀末の理性哲学　カント『プロレゴメナ』　観念やカテゴリーは普遍かつ不変的　94
④19世紀末のニーチェの哲学　ニーチェ『愉しい学問』　認識の遠近法主義・相対主義

岡本裕一朗（おかもと・ゆういちろう）
1954年生。専門は西洋近現代思想。『いま世界の哲学者が考えていること』『教養として学んでおきたい哲学』など著書多数。12月に小社から『哲学100の基本』刊行予定。

漱石『こころ』を学ばない高校生

実用的な力の向上を目指す国の方針により、高校の国語教育が極端な方向へ向かおうとしている。

2022年11月9日、大学入試センターが発表したのは、2025年1月に実施される大学入学共通テストの試作問題だ。新たに追加される「情報」や「歴史総合」などと併せて、国語で新たに追加される大問のサンプルも公表された。

示されたのは大問が2つ。1つがSDGs（持続可能な開発目標）に関する報告書を、統計など、6つの資料と照合して読解する問題。次が「日本語の言葉遣い」のリポートについて、3つの資料を読み穴埋めなどをする問題だ。

実際の共通テストでは、この試作問題に該当する大問1つに従来の論説文、小説、古文、漢文を加えた大問5つを90分で解く。新設の大問にかける時間は20分も取れない。

都立のある進学校の国語科教員は、試作問題を見てため息をつく。「難問ではなく、うちの生徒なら解けるだろう。ただ問われるのはデータ拾いの速さで、これを国語のテストに入れる必要はあるだろうか」。別の都立中堅校の国語科教員は「文部科学省が持っていきたい方向はこっちなんだな、とよくわかった。訓練をして、点を取れるようにするしかない」と語る。

この教員の言う「文部科学省が持っていきたい方向」とは何か。

高校の国語は22年度から、新学習指導要領の下で科目が大きく再編された。これまで高校1年生の必修科目だった「国語総合」は「現代の国語」「言語文化」の2つに分割された。特徴的なのは、従来の現代文のうち論説文は現代の国語に、小説など文学作品は、古文や漢文とともに言語文化に振り分けられたことだ。

◆「実用」重視で、文学を学ぶ時間が減少

従来の指導要領

国語総合：4単位

- 現代文：2単位
  （論説文、小説など）
- 古文：1単位
- 漢文：1単位

2022年からの指導要領

現代の国語：2単位

- 論説文、実用文など

言語文化：2単位

- 古文
- 漢文
- 小説など

内容過多で小説が後回しに

（出所）高等学校学習指導要領（平成30年告示）解説国語編（平成30年7月）を基に一部表現を改変して東洋経済作成

現代の国語に新たに加わったのが「実用的な文章」だ。会議や裁判の記録、報告書、企画書、法令などを扱う。指導要領の解説によれば、「実社会に必要な国語の知識や技能」を身に付けるのがその目標だ。2025年からの共通テストは、この科目再編に対応したものなのだ。

科目再編については「教材の読解を板書して教員が話すだけの従来の授業と比べ、生徒が話し合いプレゼンをするなど、主体的に学習する時間が増えた」（前出の進学校教員）とポジティブな側面もある。一方、現場の国語教員の多くが「理科や社会の背景知識も必要な実用的な文章をどうやって教えるべきか、知見がない」と悩む。

弊害もある。2単位の「言語文化」の中に、小説などの近現代文学、古文、漢文の3つが押し込められた結果、小説を教えるのが後回しになってしまうのだ。

前出の中堅校教員は言う。「入試で出る古文の基礎的な内容は、高1のうちに詰め込む必要がある。漢文もある程度は押さえるべきだ。するとどうしても、小説をやる時間がない」。高1なら、これまで芥川龍之介の『羅生門』などをじっくり学習してきたが、今は短時間で済まさざるをえない。

現場では、現代の国語で小説も教えたいというニーズが根強い。それを受けて教科書会社の第一学習社は、国語総合で定番だった小説教材を掲載した現代の国語の教科書を出版、今年度の採択率は約17%とトップだった。

だが、これでは本来の科目の趣旨から乖離してしまうと危惧した文科省は、2021年8月に「現代の国語」では原則小説を扱わない、と明示する通知を発出。これを受け東京都の教育委員会は、多くの学校がすでに次年度の教科書を決めた9月に入って「第一学習社の教科書から変更を希望する場合は連絡を」と周知することに。都教委はあくまで事務的な連絡だというが、現場の教員たちは上から「本当にその教科書を使うのか」とただされたと感じ、実際に教科書を変更した学校もあった。

小説をめぐる変化は高1に限らない。高2、高3は選択科目として「論理国語」「文学国語」「国語表現」「古典探究」(各4単位)の中から科目を選択するが、国の指針や入試を意識してか、多くの学校で「論理国語」と「古典探究」の2つが選択されると予想される。そうなると、高2以降は小説を正面から扱う授業がなくなる。

国語教員の野津将史氏が教鞭を執る慶応義塾高校でも、高2で「古典探究」、高3で「論理国語」を選択する予定だ。「『論理国語』で幅広い評論文を扱えるのはとてもいい。ただこれまで長く2、3年生の定番教材だった夏目漱石『こころ』や森鷗外『舞姫』などの小説を面白いと思えるまで学ぶのには意味がある。『こころ』は夏休み中に読みなさい、という扱いになるのは少し寂しい」。

野津氏は米国駐在員の子女などが通う慶応義塾ニューヨーク学院長を務めた経験があるが、「米国の国語（英語）は徹底的に文学教育だった。そこまでいかずとも、多様な教材に触れるべきだ」。

入試から消える古文

一方、大学ごとで独自に課す2次試験で静かに進むのが、国語で古文、漢文を出題しない風潮だ。駿台予備学校進学情報事業部の石原賢一氏はこう指摘する。「かねて、難関国立大学を除いて2次試験で漢文が出題されるのはまれだった。それが今、古文もなくして現代文だけで受けられる大学が増えている」。

難関私立大学に絞っても、青山学院大学や中央大学の複数学部では現代文だけでの国語受験が可能だ。中堅、下位大学としては学生を集める苦肉の策でもある。ある中堅大学の教員は、「古典をなくして入試の難易度を下げないと、受験生が集まらない」と明かす。

◆上位校でも古文・漢文なしの国語受験が可能

「GMARCH」以上の大学の2023年一般入試で国語に古文、漢文が出題されない学部の一覧

大学	学部	学科・専攻・コース
青山学院大学	文	●英米文 ●フランス文
	総合文化政策	●総合文化政策
	法	●法 ●ヒューマンライツ
	国際政治経済	●国際経済 ●国際政治 ●国際コミュニケーション
	経済	●経済 ●現代経済デザイン
	経営	●経営 ●マーケティング
	社会情報	●社会情報
	コミュニティ人間科	●コミュニティ人間科
	教育人間科	●教育 ●心理
	地球社会共生	●地球社会共生
中央大学	総合政策	●国際政策文化 ●政策科
	国際経営	●国際経営
	国際情報	●国際情報

(注)共通テスト利用の入試は除外。入試方式は省略。GMARCHとは、学習院、明治、青山学院、立教、中央、法政大学
(出所)駿台予備学校進学情報事業部・石原賢一氏の提供データを基に東洋経済作成

国語教育に詳しい日本大学の紅野謙介特任教授は、一連の国語教育をめぐる変化についてこう指摘する。「教育や入試の内容は社会的な広がりの中で変えていくべきで、文学ばかりやる必要はない。ただ、試作問題を見ても言葉と情報を混同しており、言葉に対するデリカシーが欠けている。こうした教育を続ければ、日本語の持つ豊かさが失われていくだろう」。

実用に偏った教育の問題点は、「文学軽視」といった単純なものではない。国は国語科に、ＡＩ（人工知能）の発達など予測困難で複雑な社会に主体的に関われる力の育成を求める。だが、その力が本当に培える教育とは何か、いま一度問われるべきだ。

（印南志帆）

INTERVIEW　番組企画の裏側を特別公開！

「わかった気」になる入門書にはご注意

「100分de名著」プロデューサー・秋満吉彦

古典のヒットの火付け役として近年影響力を強めているのが、2011年からスタートしたNHKの教養番組「100分de名著」だ。番組が重視するのが、名著を通じて今の問題に斬り込むこと。プロデューサーの秋満吉彦氏に、「問題解決のための古典の読み方」を聞いた。

「100分de名著」というと世界に冠たる古典を解説していく番組という印象を抱くかもしれない。ただ2014年に私がプロデューサーに就任したときから意識しているのは、名著を通じて今の問題に斬り込むこと。そのため、「名著は現代を読む教科書である」というキャッチフレーズを作った。

「企画を生み出すために古典を読みまくっているんですよね」とよく聞かれるが、日頃アンテナを張っているのはむしろ今起きているニュースだ。街を歩き、流行を追う中で、「今起きているこの問題は、以前読んだこの本とつながるのではないか」と思いつくところから大方の企画は始まる。

例えば2018年の放送で取り上げたウンベルト・エーコの小説『薔薇の名前』の企画。ある日、家電量販店内を歩いていたら、テレビで時の防衛相が辞任、と速報が流れた。南スーダンのPKO（国連平和維持活動）に関する日報の電子データを隠蔽したことに対する引責辞任だという。

これを見て「昔、都合が悪いことの隠蔽がテーマになっていた本を読んだな」と思い出した。だが、どうにも書名が出てこない。そのまま書店に駆け込んだら、イタリア文学の棚で目当ての本を見つけた。

それが『薔薇の名前』だった。14世紀のイタリアを舞台にした同小説では、キリスト教にとって異端の書物を修道院が市場から買い集め、図書館に隠してしまう。エリートが情報を隠蔽する構図が日報隠蔽問題と実によく似ている。

そこでイタリア文学の研究者に聞きに行くと、「イタリアで横行していた言論弾圧を小説で告発しようとエーコはこの作品を書いたのではないか」という。そこで政治小説として『薔薇の名前』を読む、という企画ができた。


まったく新たな本と出合うには、やはり書店に行くのがいい。ただ、普段は本を読まない、読んでもビジネス書が中心だという人は、いきなり大型書店に行っても目移りしてしまうだろう。

そういう場合は、本の知識をつけるために書評サイトを活用してみるのもいい。私が愛用しているのが「オール・レビューズ」というサイト。フランス文学者の鹿島茂さんの趣味が高じてできたサイトで、彼の人脈から一流の人たちの書評が蓄積されている。

本が決まったら、次はどう読むかだ。「年間何十冊読むぞ」と大きな目標を立てても、読書習慣がなければ成功しない。お勧めは、毎日必ず行う習慣にひもづけて「1日

5分」読むこと。私が実践しているのは、通勤中と入浴中の読書だ。

あるとき、『カラマーゾフの兄弟』を読む必要があった。ただ、本書は分厚く、過去に挫折した経験がある。そこで、お風呂の脱衣所に1冊置き、入浴中に5分読むと決めた。すると面白くてつい10分、15分と読んでしまう。これを続け、数カ月後には読み終えることができた。

入門書は玉石混淆

いきなり原著に当たっても歯が立たない場合は、解説書や入門書を読むのも手だ。が、玉石混淆であることは知っておいてほしい。出来の悪い本は、読むだけで原著をわかった気になってしまう。肌感覚だが、「5分で理解できる」「エッセンスがわかる」などインスタントなあおり文句がついているものは警戒したほうがいい。

いい入門書はそれを読んだら原著を読まずにはいられなくなる。必ずしもタイトルでうたっていなくとも、実は優れた入門書の場合もある。例えば哲学者の國分功一郎さんの『原子力時代における哲学』は、ハイデッガーの思想を下敷きにしたギリシア哲学入門の決定版だ。また漫画家のヤマザキマリさんの『壁とともに生きる』は、安部公房の解説書だ。ヤマザキさんがイタリアで極貧生活を送り、どう生きるかを考えているときにかじりつくように読んだ公房を解説しているので、説得力が違う。

こうした「隠れ入門書」を見つけるポイントは、最近活きのいい筆者が今真剣に考えているテーマを書いた本に当たることだ。

いざ原著を読み進めよう、というとき、私がやっているのが本文を四角で囲む作業だ。「自分に直接問いかけてくる」と感じた箇所を囲み、その横に「今の人間関係につながる?」「これって上司のこと?」などと簡単にキーワードを書き込む。そして、囲んだ部分だけを再読する。なぜこの箇所が気になったのだろう、と考えながら読むと、自分が直面している課題がおのずと浮かび上がってくる。

読了したらおしまい、ではない。意識的にやっているのが、自分の本棚の編集だ。ウクライナ侵攻が始まって以降、自分の本棚の関連する本を集め、「戦争」をテーマに1つの棚に並べた。戦争が起こるときは、たいてい独裁者が出てくる。そこで全体主義や独裁体制、といったタイトルの本を並べ、比較する。すると、もはや買っていたことすら忘れていたジーン・シャープの『独裁体制から民主主義へ』という本を発掘した。

改めて読むと、独裁政権が発足したとき、民衆が非暴力でどのように独裁に立ち向かったか、というノウハウが書いてあった。調べてみると、実際にこの本を学んでセルビアが独裁政権を倒している。戦争が長期化している今、現状を打開する道を示してくれるかもしれない。そう思い、2023年1月の番組で取り上げることにした。

私の本棚は、実は半分以上が本を読まずに積んだままにする「積ん読」だ。積ん読はいけないともいわれるが、未読でも手元にあれば役に立つことはある。本棚を編集して並べ替えると、本同士のテーマのつながりが見え、眠っていた本が生き返るのだ。編集に、蔵書の多寡は関係ない。少ない冊数でも、並べ替えれば何か発見があるはずだ。ぜひ一度、試してみてほしい。

（構成・印南志帆）

秋満吉彦（あきみつ・よしひこ）
1965年生まれ。熊本大学大学院修了後、90年にNHKに入局し、「BSマンガ夜話」「日曜美術館」などを担当。2014年NHKエデュケーショナルに異動して「100分de名著」を担当。

【週刊東洋経済】

本書は、東洋経済新報社『週刊東洋経済』2022年12月10日号より抜粋、加筆修正のうえ制作しています。この記事が完全収録された底本をはじめ、雑誌バックナンバーは小社ホームページからもお求めいただけます。

小社では、『週刊東洋経済eビジネス新書』シリーズをはじめ、このほかにも多数の電子書籍ラインナップをそろえております。ぜひストアにて「東洋経済」で検索してみてください。

『週刊東洋経済eビジネス新書』シリーズ

No.419　東証　沈没
No.420　テクノロジーの未来地図
No.421　年金の新常識
No.422　先を知るための読書案内

No.423　欧州動乱史
No.424　物流ドライバーが消える日
No.425　エネルギー戦争
No.426　瀬戸際の地銀
No.427　不動産争奪戦
No.428　インフレ時代の資産運用&防衛術
No.429　人口減サバイバル
No.430　自衛隊は日本を守れるか
No.431　教員不足の深層
No.432　ニッポンのSDGs&ESG
No.433　独走トヨタ　迫る試練
No.434　変わる相続・贈与の節税
No.435　東芝の末路
No.436　食糧危機は終わらない

No.437　ゼネコン　両利きの経営
No.438　すごいベンチャー2022〔前編〕
No.439　すごいベンチャー2022〔後編〕
No.440　宗教　カネと政治
No.441　岐路に立つ鉄道
No.442　学び直し全ガイド
No.443　米中　大動乱
No.444　高揚するコンサル　したたかな弁護士
No.445　半導体　復活の足音
No.446　氾濫するPR
No.447　総孤独社会
No.448　認知症　全対策

週刊東洋経済eビジネス新書　No.449
武器としての名著

【本誌（底本）】
編集局　印南志帆、秦　卓弥
デザイン　熊谷真美、藤本麻衣
進行管理　三隅多香子
発行日　2022年12月10日

【電子版】
編集制作　塚田由紀夫、長谷川　隆
デザイン　大村善久
表紙写真　尾形繁文
制作協力　丸井工文社

発行日　２０２４年３月７日　Ver.1

発行所　〒１０３-８３４５
東京都中央区日本橋本石町１-２-１
東洋経済新報社
電話　東洋経済カスタマーセンター
０３（６３８６）１０４０
https://toyokeizai.net/

発行人　田北浩章

電子書籍化に際しては、仕様上の都合などにより適宜編集を加えています。登場人物に関する情報、価格、為替レートなどは、特に記載のない限り底本編集当時のものです。一部の漢字を簡易慣用字体やかなで表記している場合があります。本書は縦書きでレイアウトしています。ご覧になる機種により表示に差が生

※本刊行物は、電子書籍版に基づいてプリントオンデマンド版として作成されたものです。